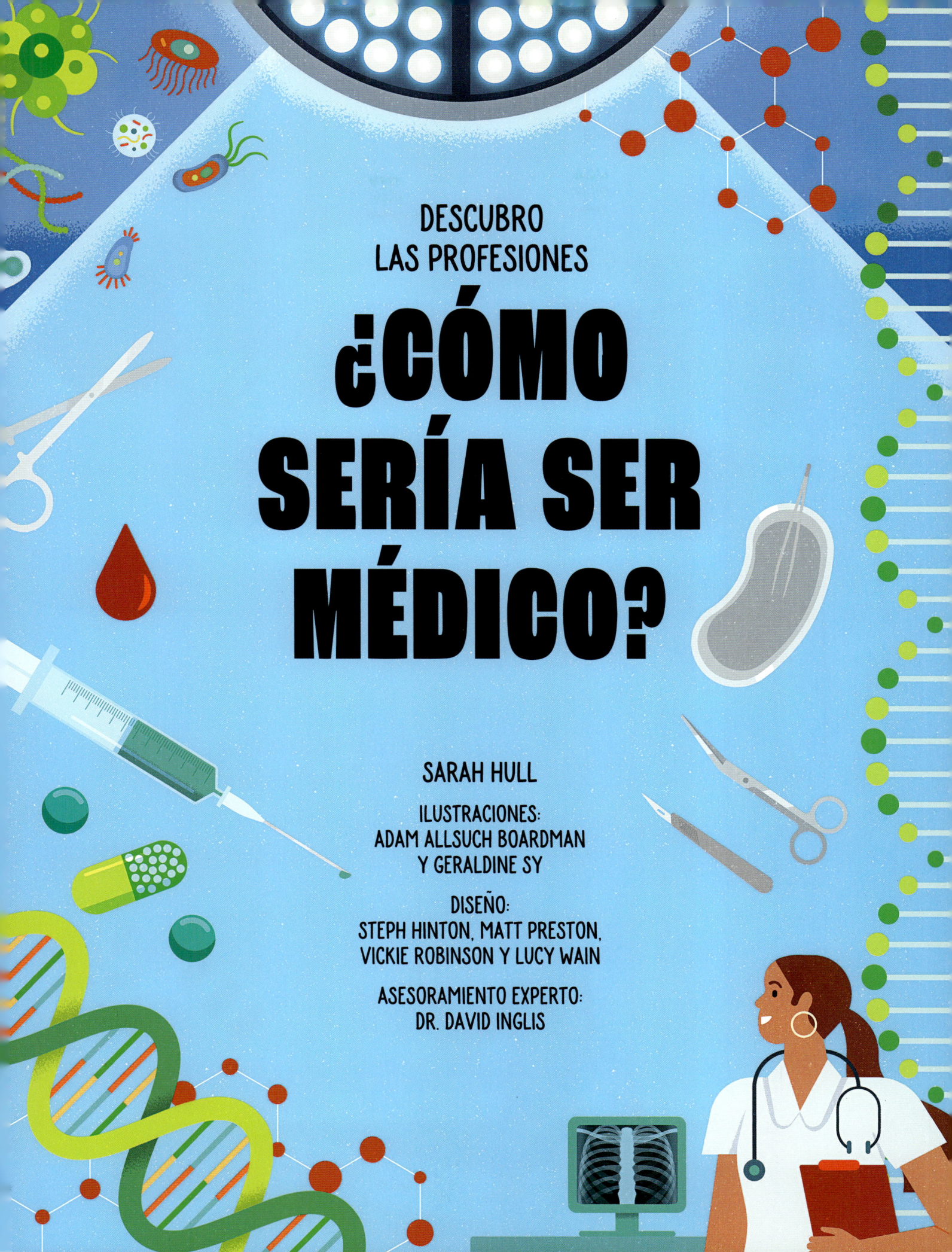

DESCUBRO
LAS PROFESIONES

¿CÓMO SERÍA SER MÉDICO?

SARAH HULL

ILUSTRACIONES:
ADAM ALLSUCH BOARDMAN
Y GERALDINE SY

DISEÑO:
STEPH HINTON, MATT PRESTON,
VICKIE ROBINSON Y LUCY WAIN

ASESORAMIENTO EXPERTO:
DR. DAVID INGLIS

Traducción:
Gemma Alonso de la Sierra

Redacción en español:
Isabel Sánchez Gallego,
Beatriz Coira Sánchez de Toca
y Cristina Fernández Martínez

Sumario

En las páginas 76 y 77 encontrarás las definiciones de muchas de las palabras médicas del libro.

¿CÓMO SERÍA SER MÉDICO?

Los MÉDICOS y las MÉDICAS, también llamados facultativos o doctores, son los profesionales que diagnostican y tratan los problemas de salud.

Hay otros doctores, los que reciben doctorados por sus estudios de posgrado, pero no son a quienes llamamos cuando enfermamos.

Para llegar a ser médica o médico, tienes que estudiar muchos años en la universidad y luego hacer varios años más de prácticas en hospitales u otros centros sanitarios. A pesar del esfuerzo que requiere completar los estudios y mantener los conocimientos al día, quienes eligen esta profesión se sienten muy satisfechos practicándola.

¿Cómo saben los médicos qué pasa dentro del cuerpo de un paciente?

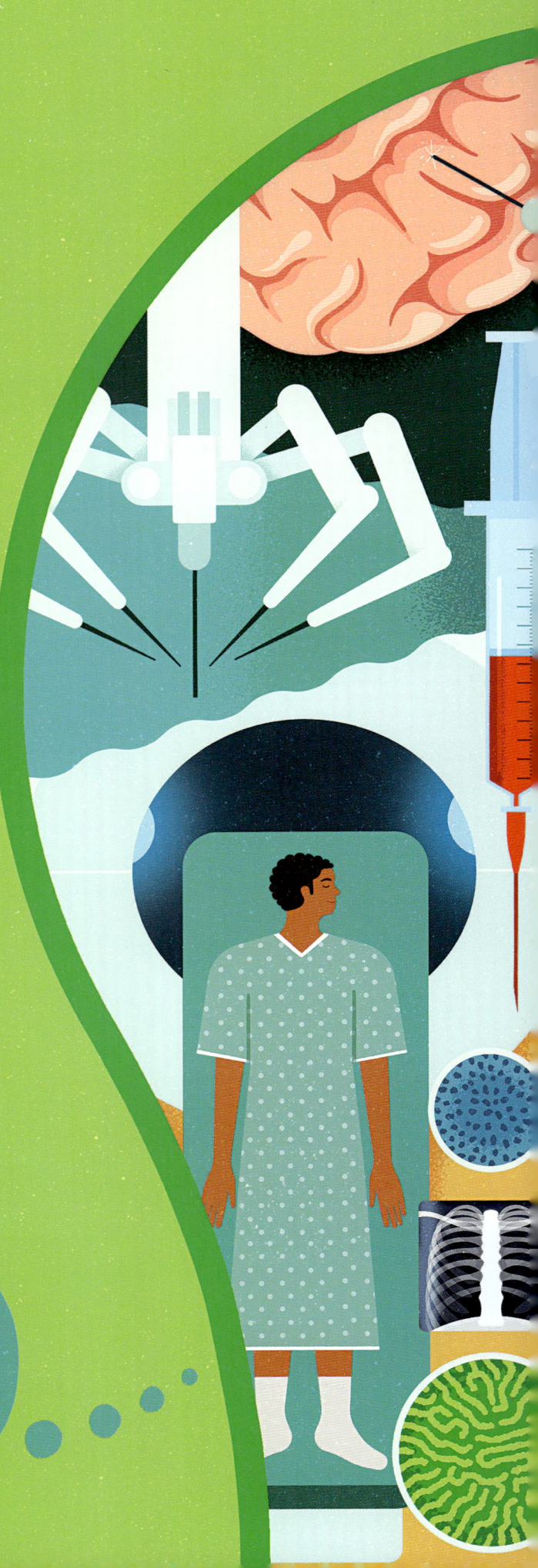

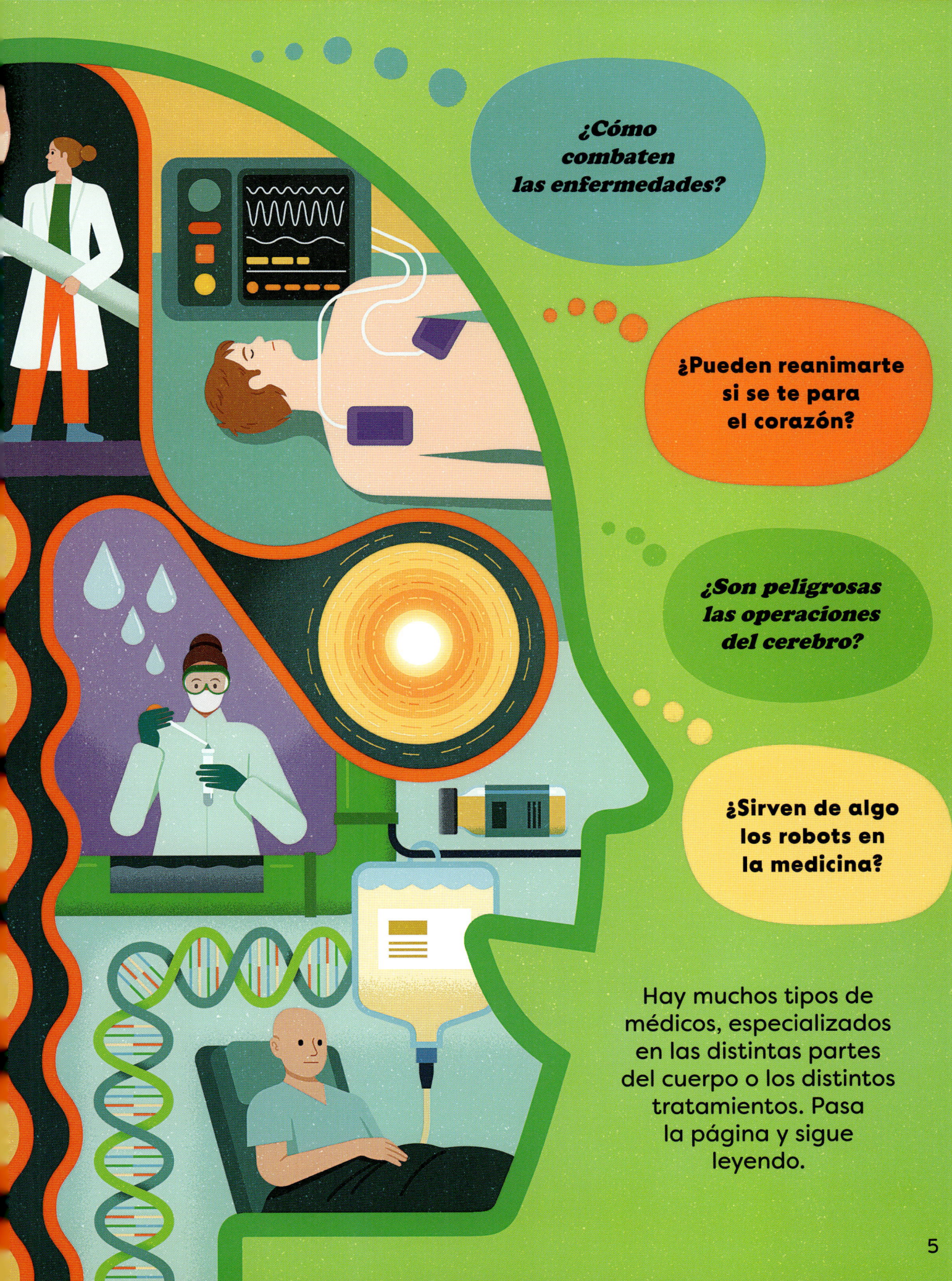

¿Cómo combaten las enfermedades?

¿Pueden reanimarte si se te para el corazón?

¿Son peligrosas las operaciones del cerebro?

¿Sirven de algo los robots en la medicina?

Hay muchos tipos de médicos, especializados en las distintas partes del cuerpo o los distintos tratamientos. Pasa la página y sigue leyendo.

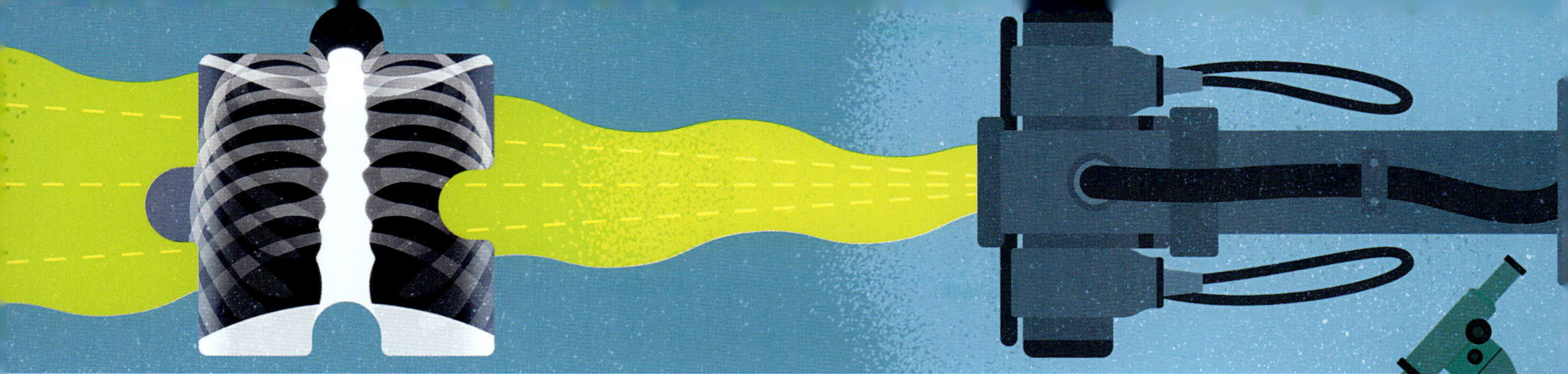

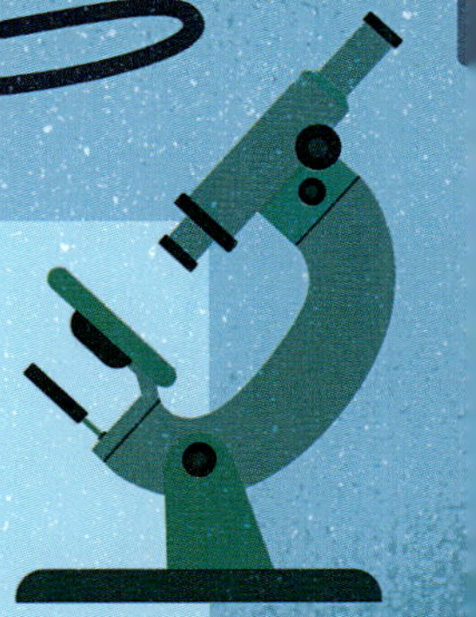

Detectives del diagnóstico

Cuando alguien enferma, los médicos toman nota de los signos y síntomas que presenta para valorar qué le está sucediendo y emitir un **diagnóstico**, algo fundamental en estas especialidades...

MEDICINA DE FAMILIA - Los profesionales de esta rama suelen ser los primeros que atienden a los pacientes. Trabajan en los centros de salud de cada zona.

RADIOLOGÍA - Los radiólogos estudian las **radiografías** y otras imágenes que muestran el interior del cuerpo para ver si hay algún problema. Suelen trabajar en hospitales.

PATOLOGÍA - Quienes trabajan en esta especialidad examinan **muestras** de orina y otras sustancias en el laboratorio para detectar posibles enfermedades.

HEMATOLOGÍA - Los hematólogos trabajan a menudo en laboratorios donde analizan **muestras** de sangre.

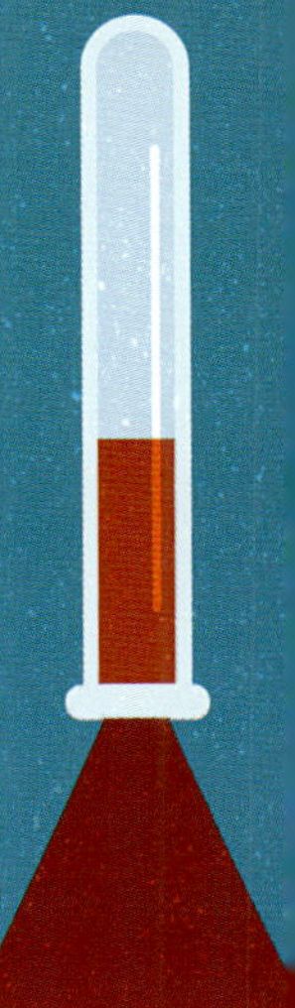

La atención primaria

Las médicas y los médicos de familia suelen ser los primeros profesionales de la salud a quienes acuden los pacientes. Esta atención de médico a paciente en un espacio de tiempo determinado se llama **consulta**.

Así podría transcurrir un día cualquiera de una médica de familia...

Esta médica puede llegar a atender a 30 pacientes en un día. Tiene que conocer todos los problemas médicos más comunes; también los relacionados con la salud mental.

09:27

La médica atiende en un centro de salud y por teléfono o internet.

A mi hija le duele el oído.

¿Ha estado resfriada?

10:05

Llevo un tiempo muy angustiado y sin ganas de nada.

Cuéntame, que te escucho.

12:30

Además de preguntar cosas, puede que la médica tenga que examinar a su paciente.

Me duele muchísimo la espalda.

¿Cuándo empezó ese dolor?

14:45

La médica de familia trata directamente muchos problemas, pero a veces tiene que pedir pruebas.

Estoy siempre agotada.

Voy a pedir que te hagan una analítica. Puede ser que tengas anemia y por eso estés tan cansada.

18:21

Llevo con esta tos tres semanas, por lo menos.

¿Es seca o le sale flema?

COF, COF
COF, COF

Continúa leyendo sobre las analíticas en la página 14.

Las constantes vitales

Las **constantes vitales** son un conjunto de medidas que se toman sobre distintas características del cuerpo para valorar el estado de salud de los pacientes.

EL PULSO

El pulso, o frecuencia cardiaca, es la velocidad a la que el corazón bombea la sangre.

En un adulto sano es de **60** a **100 pulsaciones por minuto**.

Para tomar el pulso, hay que presionar dos dedos contra la muñeca.

Luego se cuenta el número de pulsaciones que se sienten en un minuto.

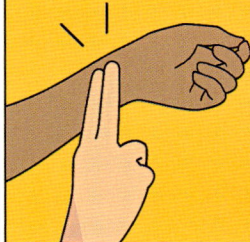

Si el pulso es demasiado rápido o lento, puede que el corazón vaya forzado.

LA TEMPERATURA

La temperatura es el grado de frío o calor del cuerpo.

Una temperatura normal oscila entre los **36,5** y los **37,5 °C**.

La fiebre (una temperatura más alta de lo normal) puede ser indicativa de que hay una infección.

Termómetro de oído

El aumento o descenso de la temperatura podría dificultar el funcionamiento del cerebro u otros **órganos**.

EL RITMO RESPIRATORIO

Se refiere a la velocidad a la que se respira.

Un adulto sano hace entre **12** y **16 respiraciones por minuto**.

Respiramos para tomar oxígeno del aire. Si alguien respira muy rápido o muy lento, podría no estar tomando suficiente oxígeno.

LA TENSIÓN ARTERIAL

Es la presión que ejerce la sangre sobre la pared de las arterias al recorrer el cuerpo.

Se mide en milímetros de mercurio porque los primeros tensiómetros contenían mercurio.

Los valores normales para un adulto sano oscilan entre **90/60** y **120/80 mmHg**.

Este manguito inflable se coloca en el brazo.

Manómetro digital

Si no se trata, la hipertensión, o tensión alta, puede provocar **infartos** y otros problemas.

Los reconocimientos

Cuando la médica o el médico examina el cuerpo de un paciente, se dice que está realizando un **reconocimiento físico**.

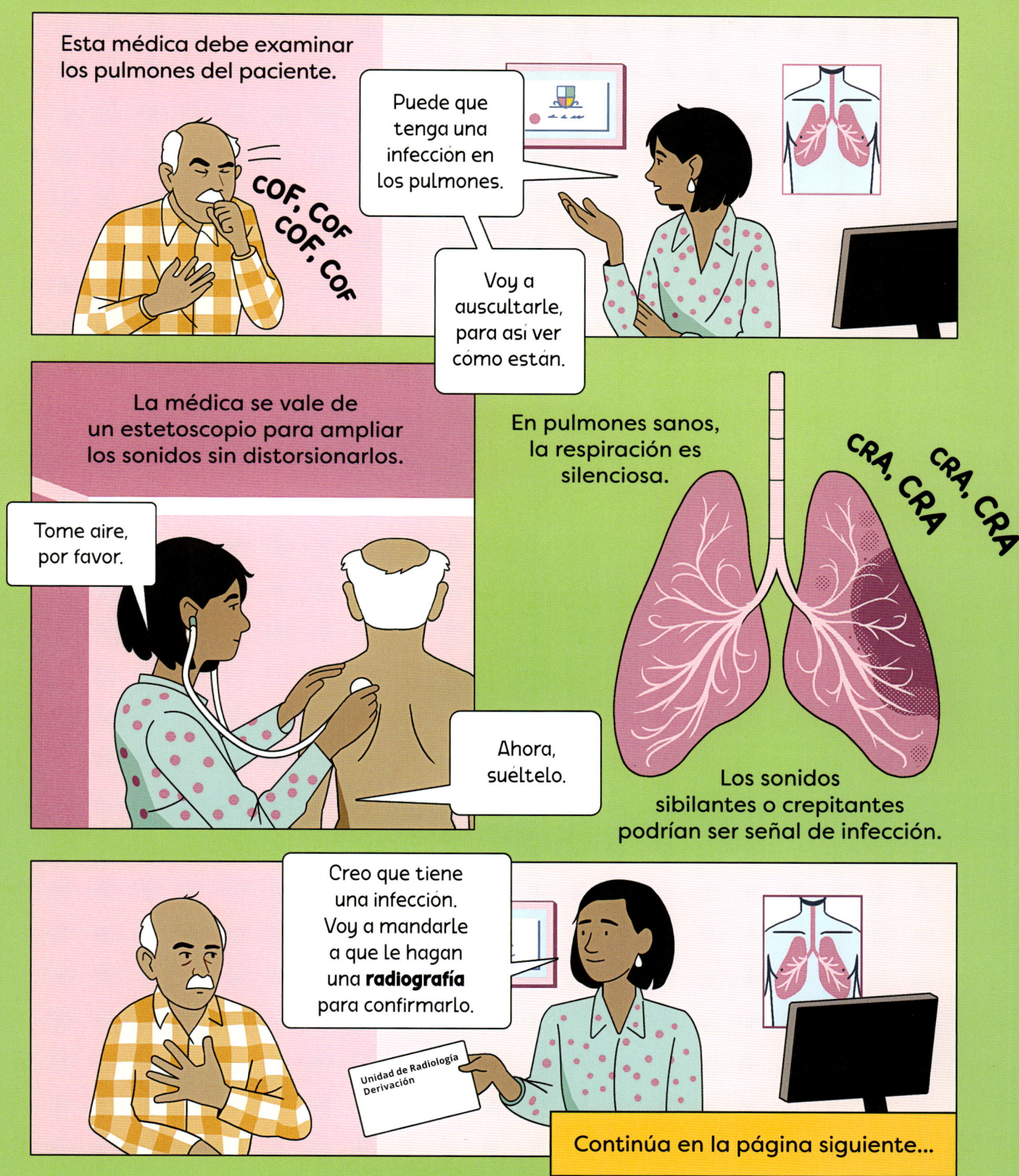

Esta médica debe examinar los pulmones del paciente.

COF, COF
COF, COF

Puede que tenga una infección en los pulmones.

Voy a auscultarle, para así ver cómo están.

La médica se vale de un estetoscopio para ampliar los sonidos sin distorsionarlos.

Tome aire, por favor.

Ahora, suéltelo.

En pulmones sanos, la respiración es silenciosa.

CRA, CRA
CRA, CRA

Los sonidos sibilantes o crepitantes podrían ser señal de infección.

Creo que tiene una infección. Voy a mandarle a que le hagan una **radiografía** para confirmarlo.

Unidad de Radiología
Derivación

Continúa en la página siguiente...

Las imágenes clínicas

En ocasiones, los médicos tienen que ver el cuerpo del paciente por dentro para averiguar qué va mal. Existen varios métodos para obtener estas imágenes internas.

Rayos X

El equipo de **radiografía** envía rayos X, que son unas ondas de energía muy potentes e invisibles que atraviesan los tejidos blandos, pero no los huesos, y toma una imagen donde se observa con claridad por dónde pasan los rayos y por dónde no.

A este paciente le hacen una **radiografía** torácica.

El RADIÓLOGO (el médico especialista en imágenes internas) estudia la **radiografía** y elabora un **diagnóstico**.

Este técnico, llamado RADIÓGRAFO, prepara la máquina y luego sale de la sala para activarla.

Estas manchas blancas son indicativas de infección.

Ecografías

Otros equipos generan imágenes por ultrasonido (sonido demasiado alto para el oído humano).

El sonido atraviesa ciertas partes del cuerpo y rebota contra otras, produciendo así el eco que detecta el aparato.

La **ecografía** permite ver al feto en el útero de la madre.

Esta prueba la está realizando una ECOGRAFISTA.

A veces también la puede realizar un médico OBSTETRA, que se especializa en embarazos y partos.

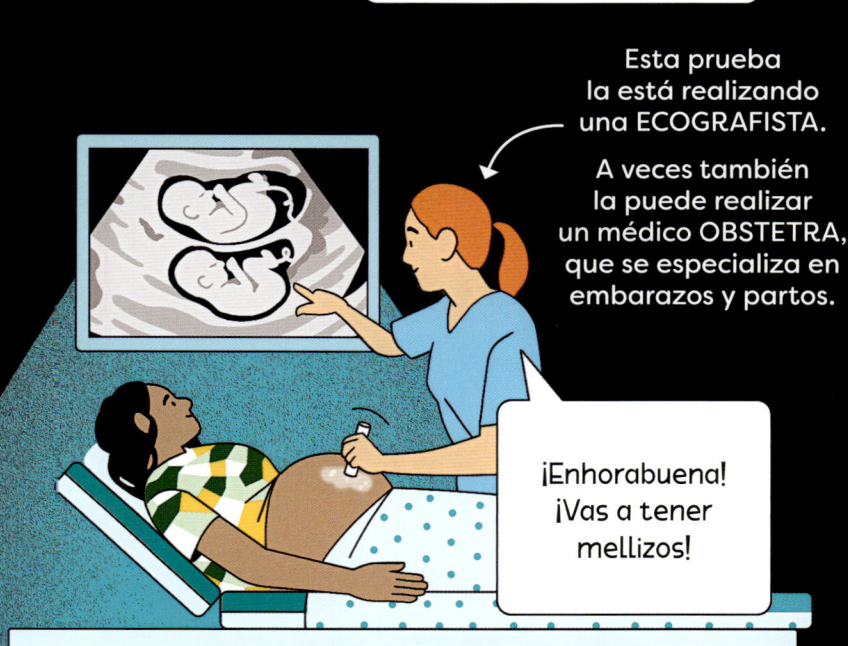

¡Enhorabuena! ¡Vas a tener mellizos!

Más detalladas

Los equipos de tomografía (**TAC**) y **resonancia magnética** producen imágenes muy detalladas de planos concretos del cuerpo. La tomografía emplea rayos X, y la **resonancia magnética**, imanes muy potentes.

Tras un golpe en la cabeza, este paciente se somete a una prueba de **TAC** para comprobar si hay alguna hemorragia interna.

CLANC CLANC
BRRRRRRRRRR

Esta radióloga examina las imágenes. Debe emitir rápidamente su **diagnóstico**, ya que las hemorragias dentro del cerebro se tienen que tratar siempre de manera urgente.

¡Vaya! ¡Hay que operar de inmediato!

Radiactivas

En algunas pruebas, la enfermera o técnica inyecta al paciente una sustancia que emite rayos radiactivos.

Fludesoxiglucosa

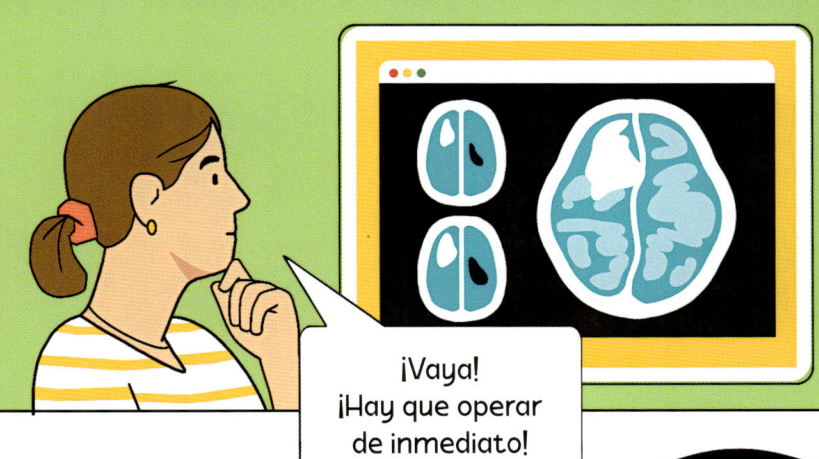

Las partes del cuerpo por donde pasa la sustancia se pueden examinar, ya que el aparato detecta los rayos que emite, y así los médicos pueden determinar si algo va mal.

Las médicas y los médicos especialistas en radiodiagnóstico trabajan con tecnologías y máquinas muy avanzadas que mejoran constantemente.

Los análisis

Otra manera de buscar el origen
de un problema de salud es tomar
una **muestra** del paciente (un poquito
de sangre u orina, por ejemplo) y analizarla.
Es la labor de HEMATÓLOGOS y PATÓLOGOS.

Este hematólogo amplía una **muestra**
de sangre con el microscopio
para examinarla.

La sangre
sana tiene
este aspecto.

**Glóbulo
rojo**

**Glóbulo
blanco**

Si hay demasiados
glóbulos blancos,
el paciente podría
tener leucemia.

Si hay muy pocos
glóbulos rojos,
el paciente podría
padecer anemia.

La orina se analiza
con una tira de
papel reactivo.

Las distintas
bandas de la tira
cambian de color
si hay una infección.
También detectan
otros problemas, como
el exceso de azúcar
en la orina, que es
señal de padecer
diabetes.

Tira de papel

Antes de que existieran
estas pruebas, el médico
probaba la orina para ver
si estaba dulce. ¡Puaj!

Si hay infección, los patólogos
pueden ayudar a identificar
el mejor tratamiento.

Ponen otro poco de la misma **muestra**
en una placa de Petri para hacer
un cultivo de **microbios**.

Luego prueban a
ver qué medicina
funciona mejor.

Microbios

Placa
de Petri

Este medicamento va mejor,
porque ha eliminado
más **microbios**.

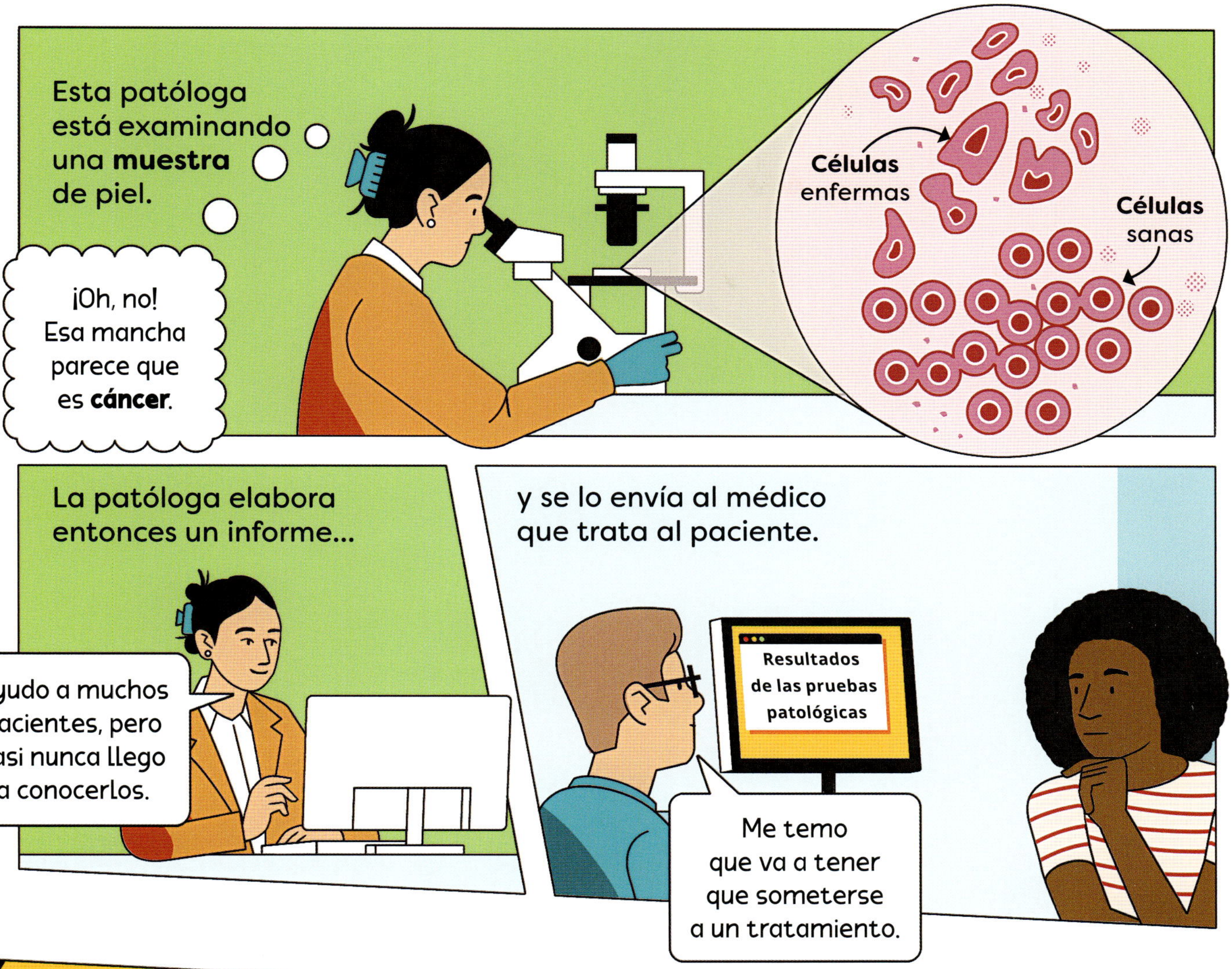

Esta patóloga está examinando una **muestra** de piel.

¡Oh, no! Esa mancha parece que es **cáncer**.

Células enfermas

Células sanas

La patóloga elabora entonces un informe...

Ayudo a muchos pacientes, pero casi nunca llego a conocerlos.

y se lo envía al médico que trata al paciente.

Resultados de las pruebas patológicas

Me temo que va a tener que someterse a un tratamiento.

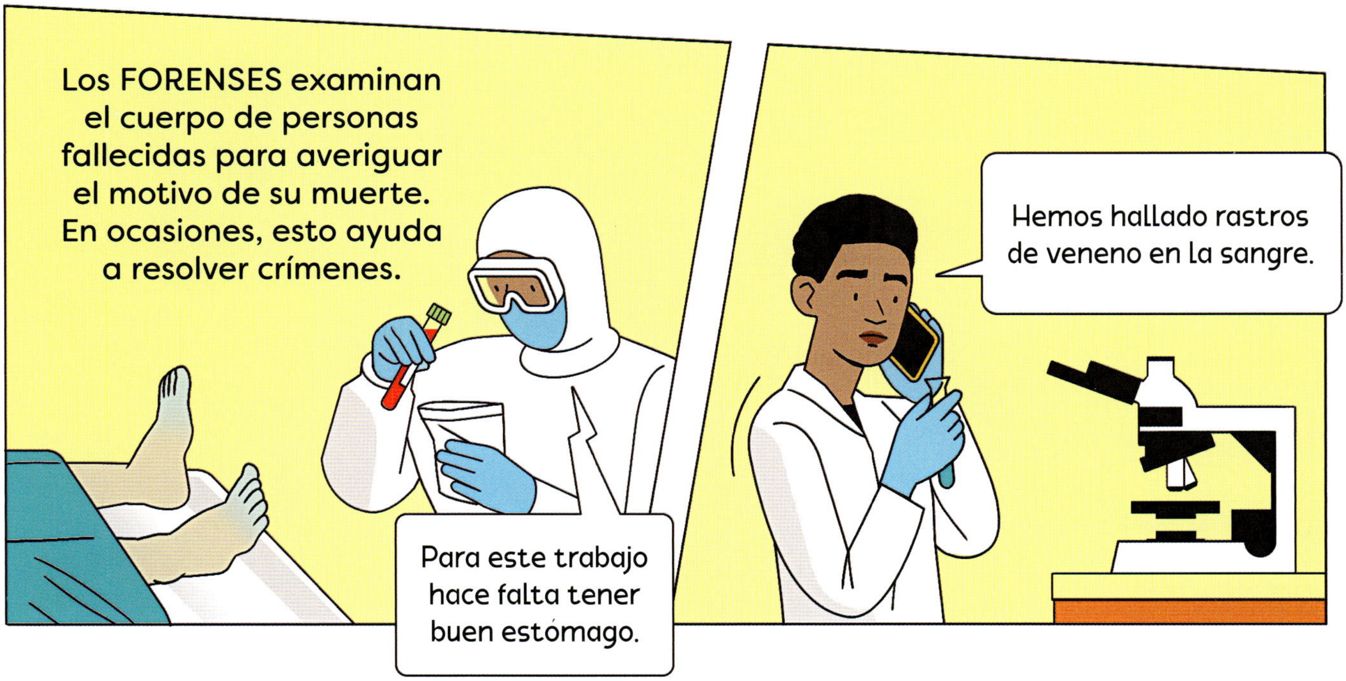

Los FORENSES examinan el cuerpo de personas fallecidas para averiguar el motivo de su muerte. En ocasiones, esto ayuda a resolver crímenes.

Para este trabajo hace falta tener buen estómago.

Hemos hallado rastros de veneno en la sangre.

15

HOSPITAL

URGENCIAS

AMBULANCIA

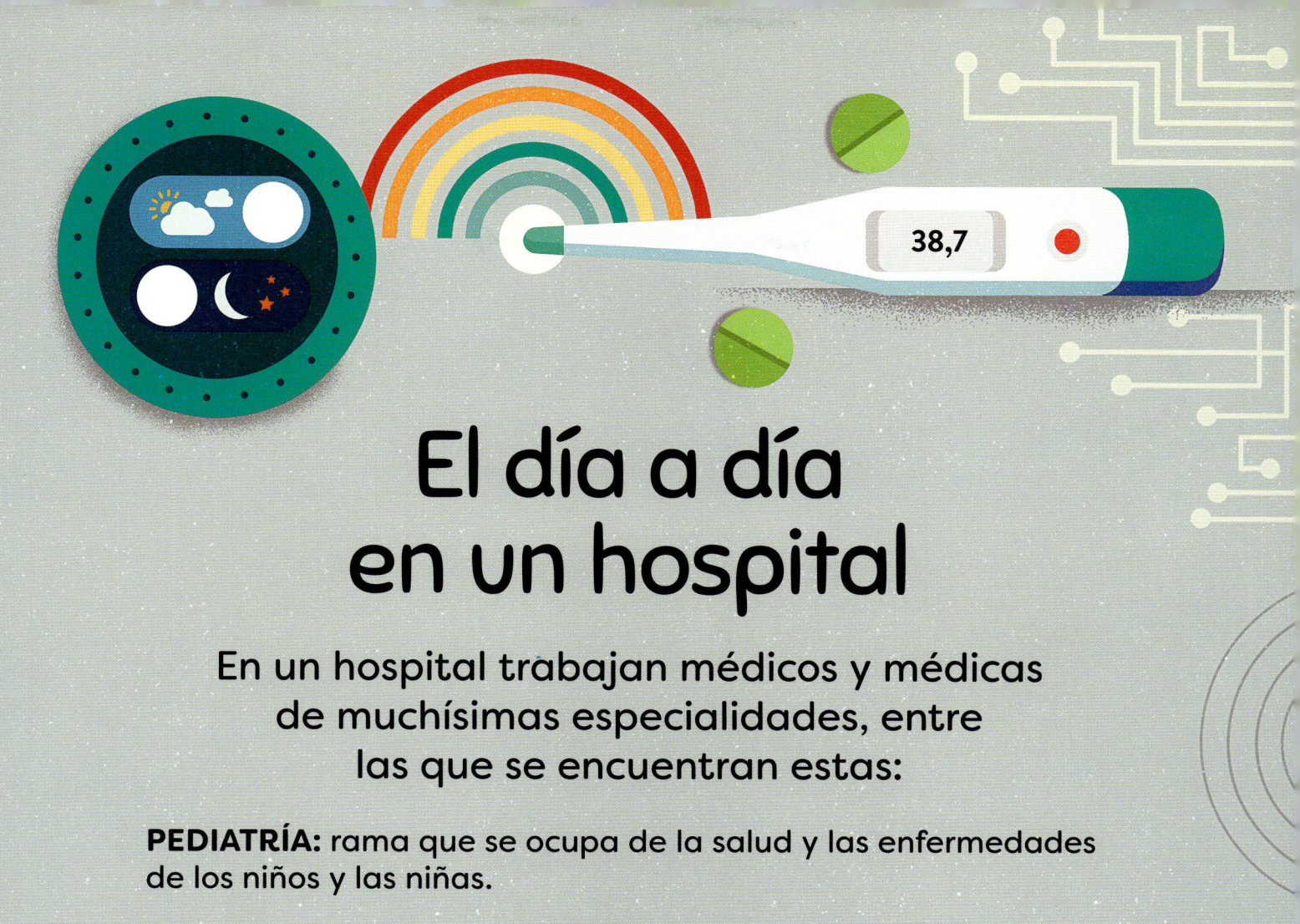

El día a día en un hospital

En un hospital trabajan médicos y médicas de muchísimas especialidades, entre las que se encuentran estas:

PEDIATRÍA: rama que se ocupa de la salud y las enfermedades de los niños y las niñas.

NEONATOLOGÍA: rama que se hace cargo de los recién nacidos, sobre todo si están enfermos o son prematuros.

OBSTETRICIA: rama de la medicina que se dedica a atender durante el embarazo y el parto.

DERMATOLOGÍA: rama que se encarga de diagnosticar y tratar los problemas de la piel.

CÓDIGO ROJO

En el hospital

¡Bienvenidos y bienvenidas al hospital! Todos los estudiantes de medicina realizan sus prácticas en hospitales y muchos se quedan a trabajar allí.

En las **consultas** externas del hospital, los médicos especialistas atienden a los pacientes, que acuden a su cita y después se marchan.

En esta **consulta** externa, un médico de la piel, o DERMATÓLOGO, examina a un paciente.

CONSULTAS EXTERNAS

← OTORRINOLARINGOLOGÍA

← OBSTETRICIA

← DERMATOLOGÍA

→ TRAUMATOLOGÍA

→ CARDIOLOGÍA

Mi médica me ha mandado aquí para que me miren este lunar.

Tiene el borde irregular y distinta coloración... Será mejor que lo extirpemos y lo analicemos.

Vengo a una prueba de audición.

Suba a la tercera planta y siga luego la línea verde.

← RADIOLOGÍA

← QUIRÓFANOS D1–D7

← PATOLOGÍA

¡Uf!

INFORMACIÓN

En las páginas 38–39 podrás ver un quirófano por dentro.

A los pacientes que no pueden irse a casa los ingresan y se les asigna una cama en planta.

UNIDADES CLÍNICAS

P4	**UNIDAD DE GERIATRÍA**
P3	**UNIDAD DE CUIDADOS INTENSIVOS NEONATALES**
P2	**UNIDAD DE PEDIATRÍA**
P2	**UNIDAD DE MATERNIDAD**
P1	**HOSPITALIZACIÓN QUIRÚRGICA**

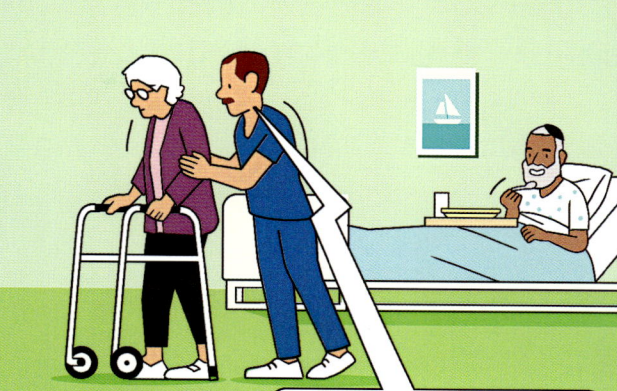

Este médico revisa la movilidad de una paciente en la unidad geriátrica, donde se atiende a personas mayores.

Cuando esté más recuperada, la seguiré viendo en la **consulta**.

Descubre más cosas sobre la labor médica que se realiza en esta unidad en las páginas 24–25.

Los enfermeros y las enfermeras también cuidamos de los pacientes. En algunos hospitales llegamos a duplicar al personal médico.

Soy el médico nuevo: Bernal.

Estaba esperando a que pasara a recoger su credencial. Tome. Aquí la tiene.

SEGURIDAD

ENFERMERO

En un hospital trabajan miles de personas. Además de los profesionales médicos y de enfermería, hay personal de seguridad, administrativo, celadores, auxiliares, farmacéuticos y un largo etcétera.

El pase de planta

Las médicas y médicos pasan por las plantas de hospitalización cada mañana para visitar a sus pacientes.

UNIDAD DE PEDIATRÍA

10:03

¿Cómo estás hoy, Jairo?

Mejor, pero sigo cansado.

Los PEDIATRAS son médicos que se ocupan de la salud de niños y niñas. Durante su visita, estudian los resultados de las pruebas, revisan la medicación y toman otras decisiones.

10:16

El resultado de la prueba es negativo, así que te puedes ir a casa.

¡Qué bien!

Este médico escribe la **historia** de la paciente mientras su compañera la atiende.

10:28

Este paciente ha tenido un ataque agudo de asma, que es una enfermedad de las vías respiratorias.

Cuando te cueste menos respirar, vamos a probar con un nuevo inhalador que te ayudará a controlar el asma.

10:38

Este paciente ingresó vomitando sin parar. Como era muy posible que tuviera un **virus** muy contagioso, se le ha asignado una habitación individual y el personal médico lleva equipo de protección.

Hemos confirmado que es una infección por **norovirus**, pero pronto estará mejor.

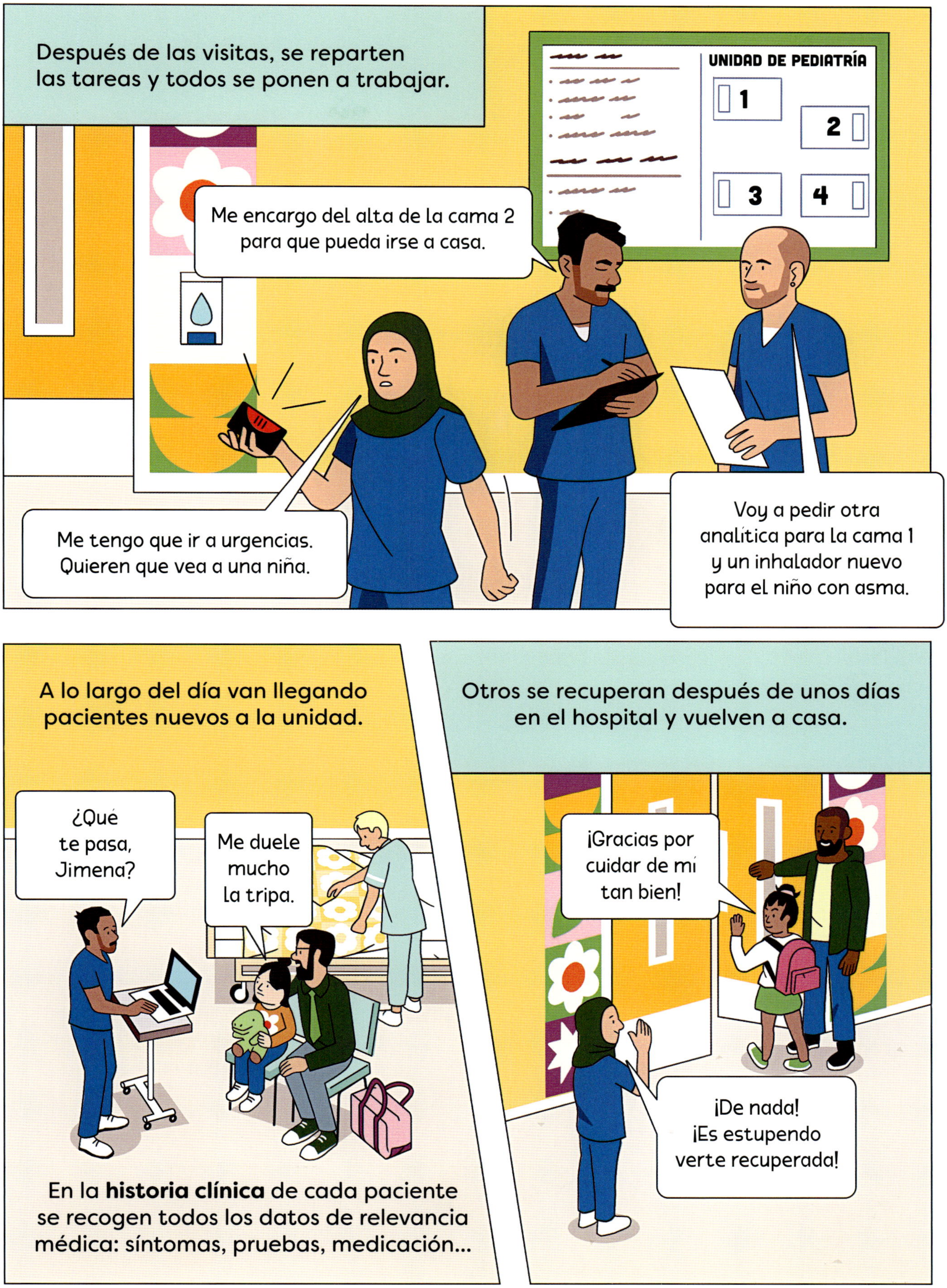
Después de las visitas, se reparten las tareas y todos se ponen a trabajar.
UNIDAD DE PEDIATRÍA
1
2
3
4
Me encargo del alta de la cama 2 para que pueda irse a casa.
Me tengo que ir a urgencias. Quieren que vea a una niña.
Voy a pedir otra analítica para la cama 1 y un inhalador nuevo para el niño con asma.
A lo largo del día van llegando pacientes nuevos a la unidad.
¿Qué te pasa, Jimena?
Me duele mucho la tripa.
En la **historia clínica** de cada paciente se recogen todos los datos de relevancia médica: síntomas, pruebas, medicación...
Otros se recuperan después de unos días en el hospital y vuelven a casa.
¡Gracias por cuidar de mí tan bien!
¡De nada! ¡Es estupendo verte recuperada!

El turno de noche

Al final del día, las **consultas** terminan y los pacientes externos se marchan, pero los médicos de guardia se quedan para cubrir el turno de noche.

El hospital siempre cuenta con personal médico, de día y de noche. Por eso hacemos guardias.

20:07 Este turno de noche coincide con un cambio de guardia.

Tenemos varios pacientes críticos.

Médica de guardia

Médico saliente

Vale. Pasaré a verlos primero.

La médica de guardia tiene que llevar siempre un busca, un dispositivo que vibra cuando se solicita su ayuda.

R'IIIN

2460

La médica llama a este número para que le digan dónde la necesitan.

Ve a ver al paciente de la cama 6 lo antes que puedas.

21:23 Vamos a hidratarte con este suero.

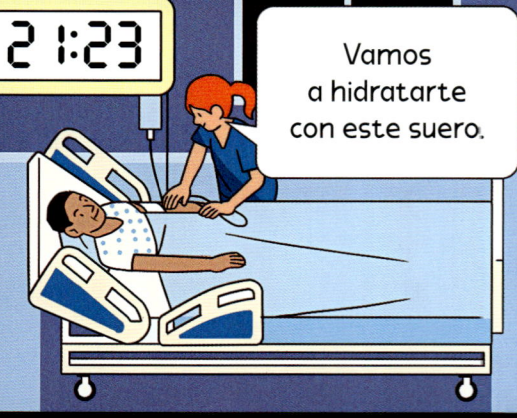

Los cerebros cansados son más propensos a cometer fallos; por eso de noche solo se hace lo que no puede esperar a la mañana.

01:44 Los médicos intentan descansar entre paciente y paciente.

R'IIIN

Sin embargo, en cuanto suena el busca, tienen que ponerse en marcha.

La unidad de maternidad

Las médicas y los médicos de esta unidad colaboran con otros sanitarios para facilitar el parto y velar por la salud de los bebés.

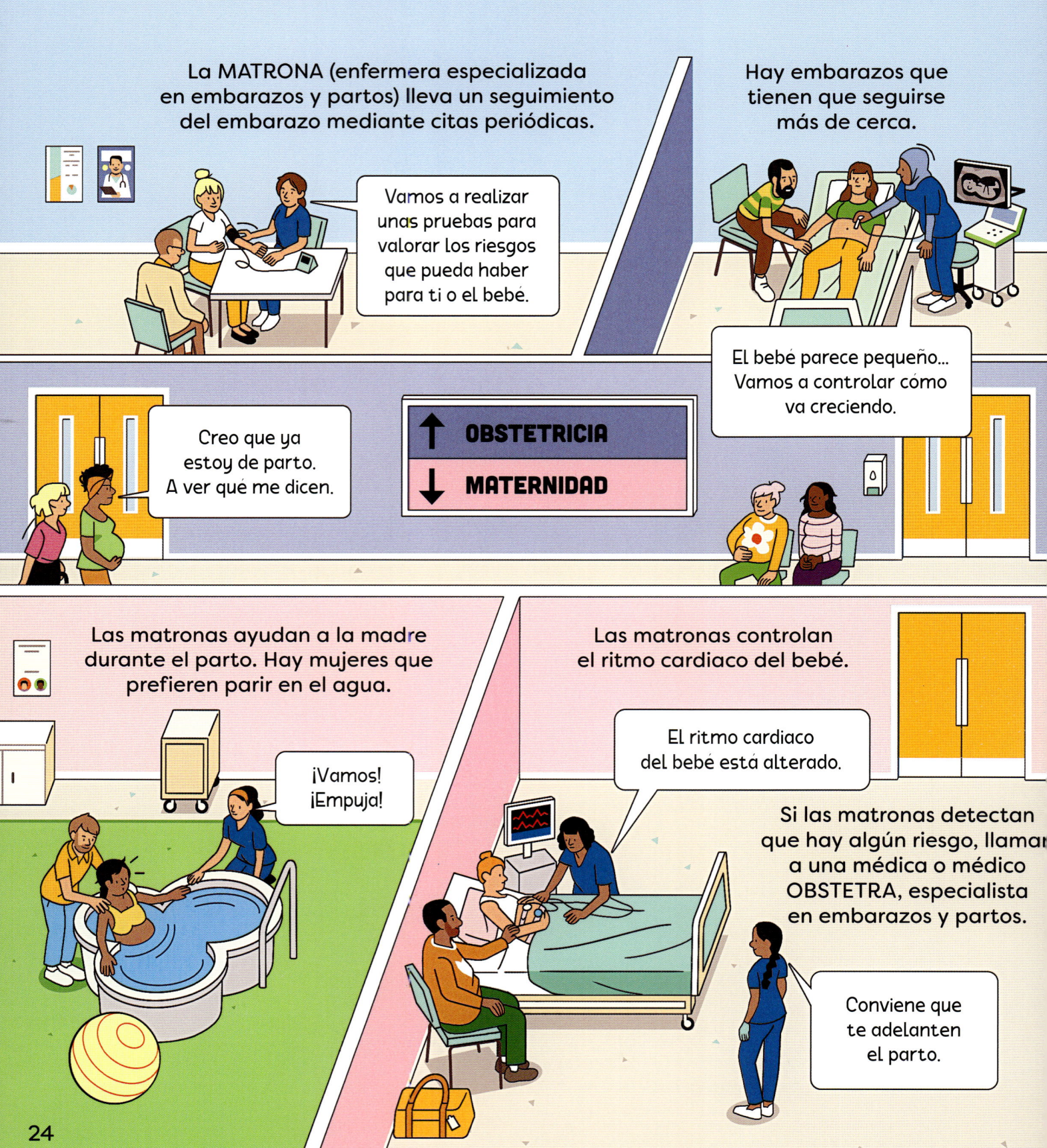

La MATRONA (enfermera especializada en embarazos y partos) lleva un seguimiento del embarazo mediante citas periódicas.

Vamos a realizar unas pruebas para valorar los riesgos que pueda haber para ti o el bebé.

Hay embarazos que tienen que seguirse más de cerca.

El bebé parece pequeño... Vamos a controlar cómo va creciendo.

Creo que ya estoy de parto. A ver qué me dicen.

↑ OBSTETRICIA
↓ MATERNIDAD

Las matronas ayudan a la madre durante el parto. Hay mujeres que prefieren parir en el agua.

¡Vamos! ¡Empuja!

Las matronas controlan el ritmo cardiaco del bebé.

El ritmo cardiaco del bebé está alterado.

Si las matronas detectan que hay algún riesgo, llamar a una médica o médico OBSTETRA, especialista en embarazos y partos.

Conviene que te adelanten el parto.

Los obstetras pueden realizar una operación llamada **cesárea** para sacar al bebé.

La obstetra realiza un corte en el abdomen.

El ANESTESIÓLOGO, el médico que se ocupa de que la paciente no sienta dolor, le pone una inyección

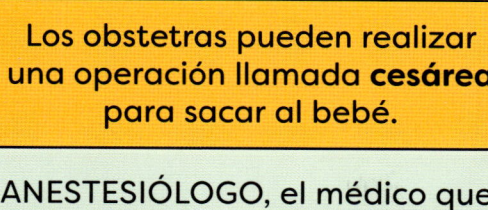

No va a sentir nada de cintura para abajo.

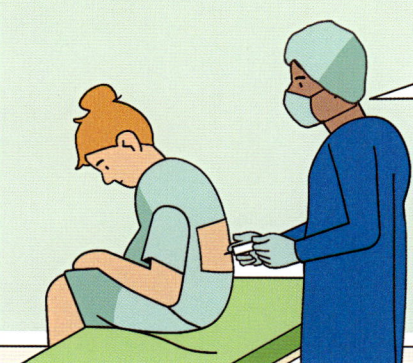

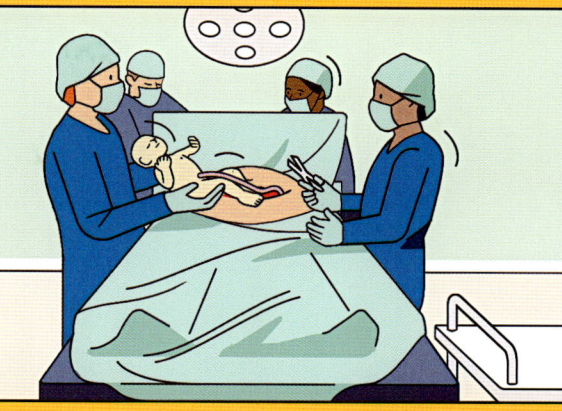

En casos urgentes, puede sacar al bebé en cuestión de minutos.

A veces, el bebé se estresa y expulsa meconio (la primera caca) antes de nacer. Si le entra en la boca o las vías respiratorias, puede ser peligroso.

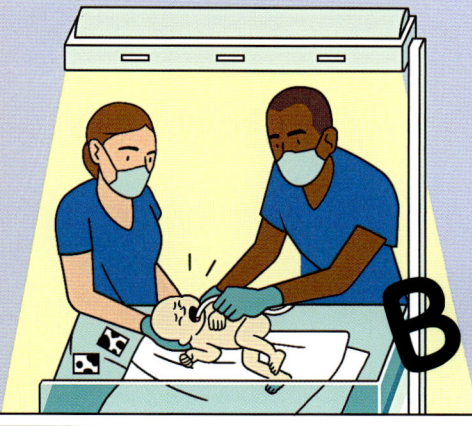

Este médico lo aspira rápidamente para que el bebé pueda respirar por primera vez.

BUAAAAA

Vamos a dejar a su hijita en cuidados intensivos neonatales unos días hasta que se le fortalezcan los pulmones.

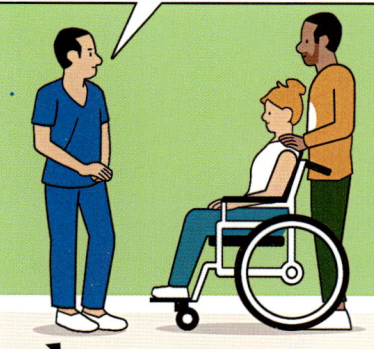

Los NEONATÓLOGOS cuidan de los recién nacidos enfermos.

CUIDADOS INTENSIVOS NEONATALES

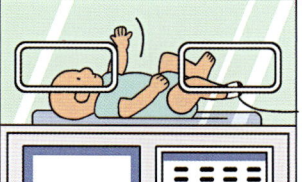

La recién nacida está calentita en su **incubadora**.

¡Muchas gracias!

Me encanta este trabajo. Es duro, pero muy bonito.

Los servicios de urgencias

Cuando se produce una urgencia sanitaria, las médicas y los médicos de estos servicios se ocupan de todo.

URGENCIAS - Los médicos de urgencias tratan a pacientes con lesiones o enfermedades que deben atenderse rápidamente cuando llegan al hospital.

CUIDADOS INTENSIVOS - Los intensivistas cuidan de los pacientes hospitalizados en estado grave.

HELICÓPTERO SANITARIO - Estos médicos atienden emergencias allí donde se hayan producido.

MISIONES HUMANITARIAS - Estos médicos y médicas realizan su labor en zonas catastróficas.

EXPEDICIONES - Se ocupan de la salud de los miembros de expediciones que se realizan a lugares inhóspitos.

Las urgencias hospitalarias

Cuando alguien sufre un accidente o enferma de forma repentina, acude al departamento de urgencias de un hospital. Allí lo atiende con rapidez personal médico de urgencias y otras especialidades.

Las médicas y médicos de urgencias no paran nunca. La sala de espera está llena y aún siguen llegando pacientes.

En recepción, los pacientes dan sus datos y esperan para pasar a TRIAJE, donde el personal de enfermería valora qué necesitan y con qué grado de urgencia.

¿Fátima Alaoui?

¡Soy yo!

Esta médica atiende a un niño con un dolor fuerte en la barriga.

Creo que va a ser **apendicitis**.

Otro médico atiende a una paciente con una herida.

Por suerte no hay lesión en el **nervio**. Te pongo unos puntos y te puedes ir a casa.

Los cuidados intensivos

Los pacientes más graves permanecen en la unidad de cuidados intensivos (UCI) del hospital, donde los atiende un equipo de medicina y enfermería INTENSIVA.

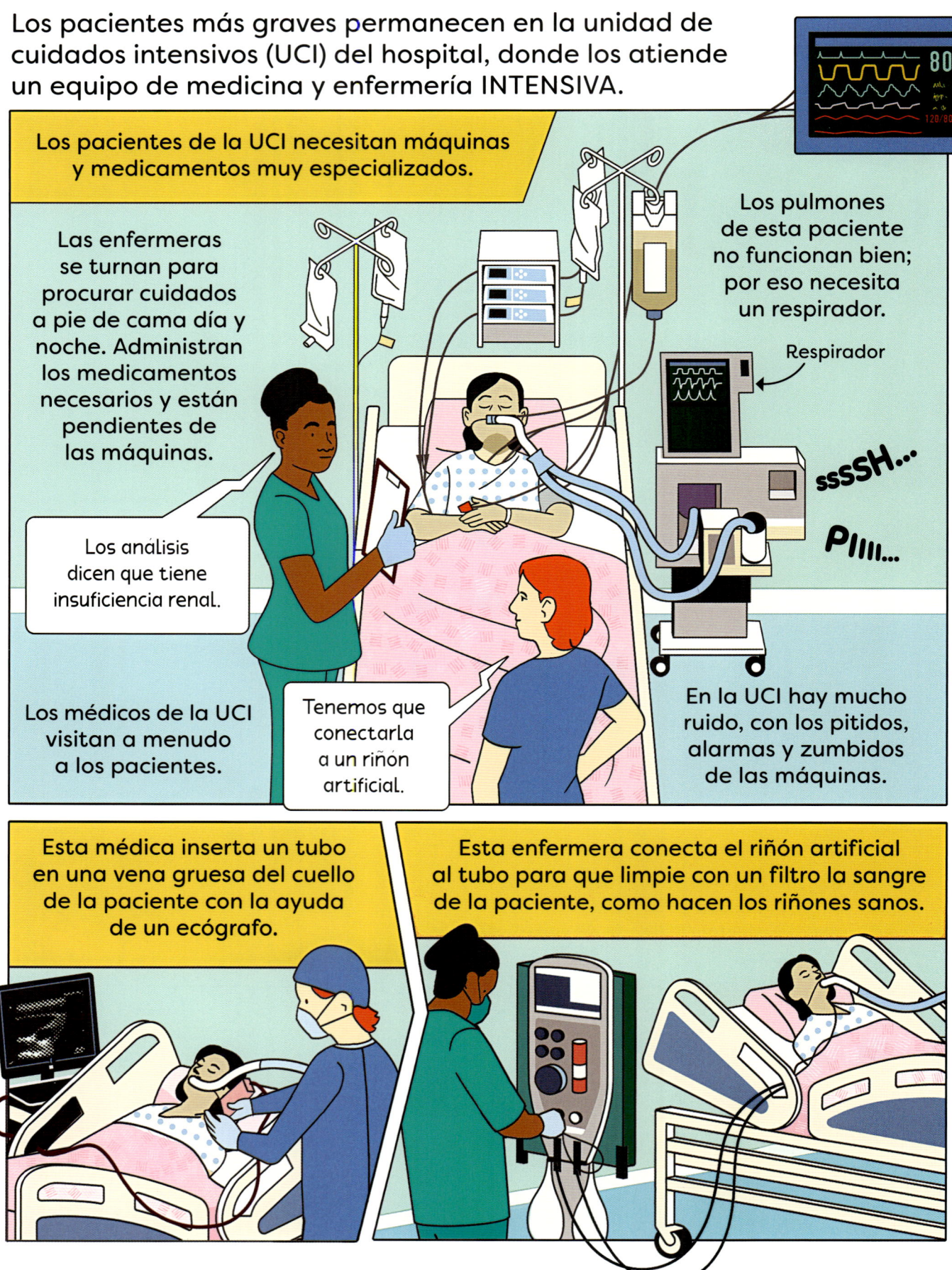

Los pacientes de la UCI necesitan máquinas y medicamentos muy especializados.

Las enfermeras se turnan para procurar cuidados a pie de cama día y noche. Administran los medicamentos necesarios y están pendientes de las máquinas.

Los análisis dicen que tiene insuficiencia renal.

Los médicos de la UCI visitan a menudo a los pacientes.

Tenemos que conectarla a un riñón artificial.

Los pulmones de esta paciente no funcionan bien; por eso necesita un respirador.

Respirador

ssssH...

Pⅼⅼⅼⅼ...

En la UCI hay mucho ruido, con los pitidos, alarmas y zumbidos de las máquinas.

Esta médica inserta un tubo en una vena gruesa del cuello de la paciente con la ayuda de un ecógrafo.

Esta enfermera conecta el riñón artificial al tubo para que limpie con un filtro la sangre de la paciente, como hacen los riñones sanos.

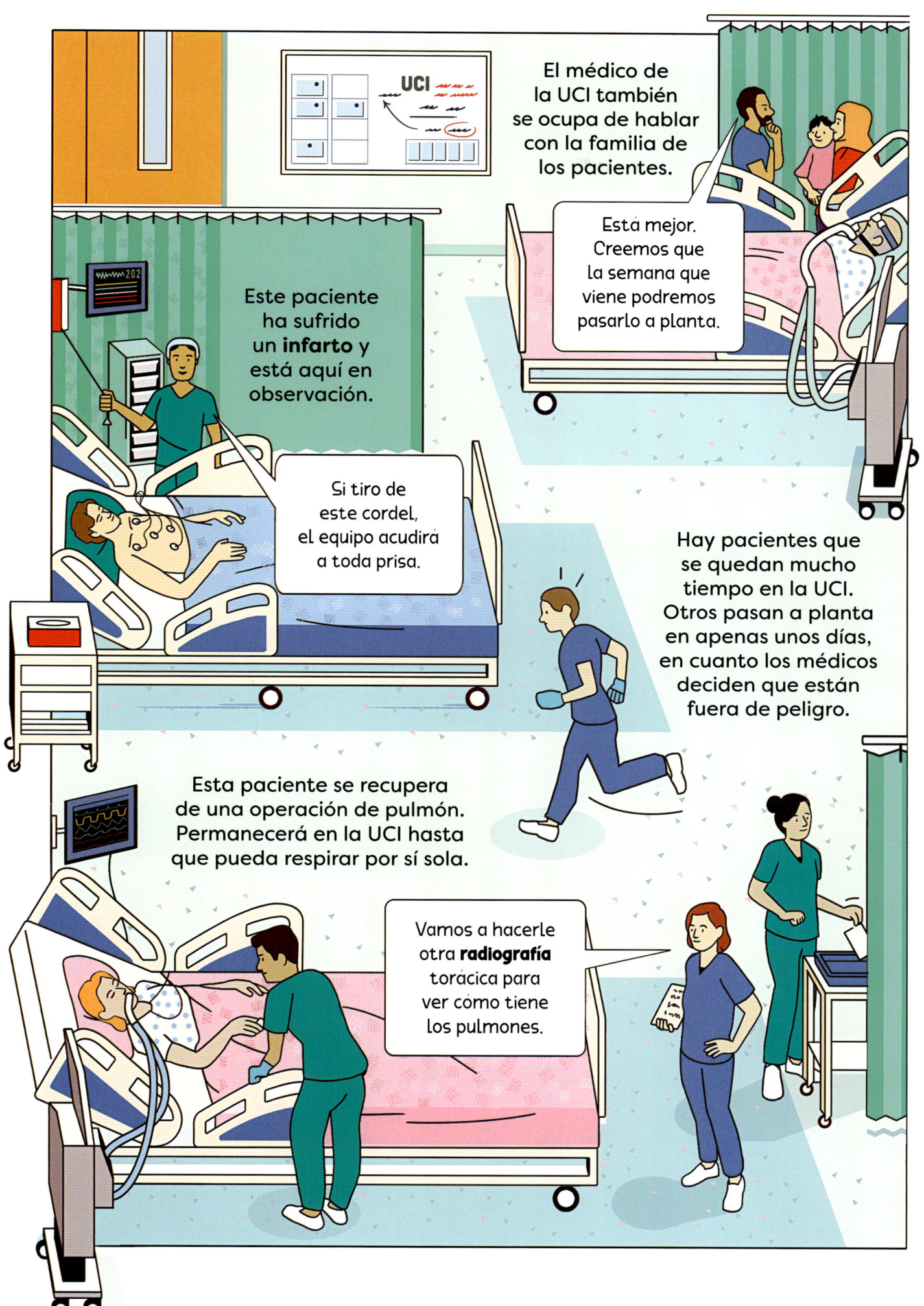

En helicóptero

Si alguien sufre un accidente en algún lugar remoto, un equipo de urgencias y emergencias acude rápidamente en un HELICÓPTERO SANITARIO para atenderlo allí mismo.

En esta carretera de montaña se ha producido un accidente y este helicóptero sanitario viene a asistir al conductor del coche.

CHUCU CHUCU

Voy a aterrizar en ese prado de ahí.

Los médicos de helicópteros sanitarios pueden tratar todo tipo de urgencias médicas y para ello cuentan con el equipo necesario a bordo.

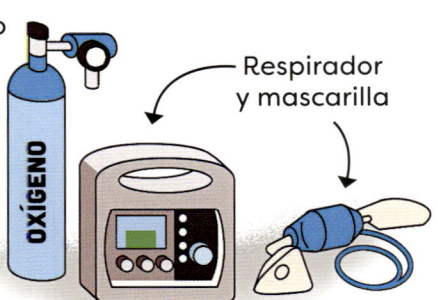

Electrocardiógrafo (mide el ritmo cardiaco del paciente)

Respirador y mascarilla

OXÍGENO

Kit quirúrgico de emergencia

Neveras con bolsas de sangre

Si un paciente pierde demasiada sangre, una transfusión puede salvarle la vida.

Desfibrilador (aplica descargas eléctricas para restablecer el ritmo cardiaco)

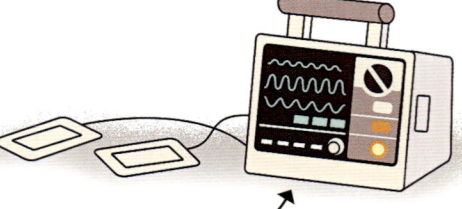

Estoy capacitada para realizar todo tipo de operaciones de emergencia, incluso las de corazón.

MÉDICA

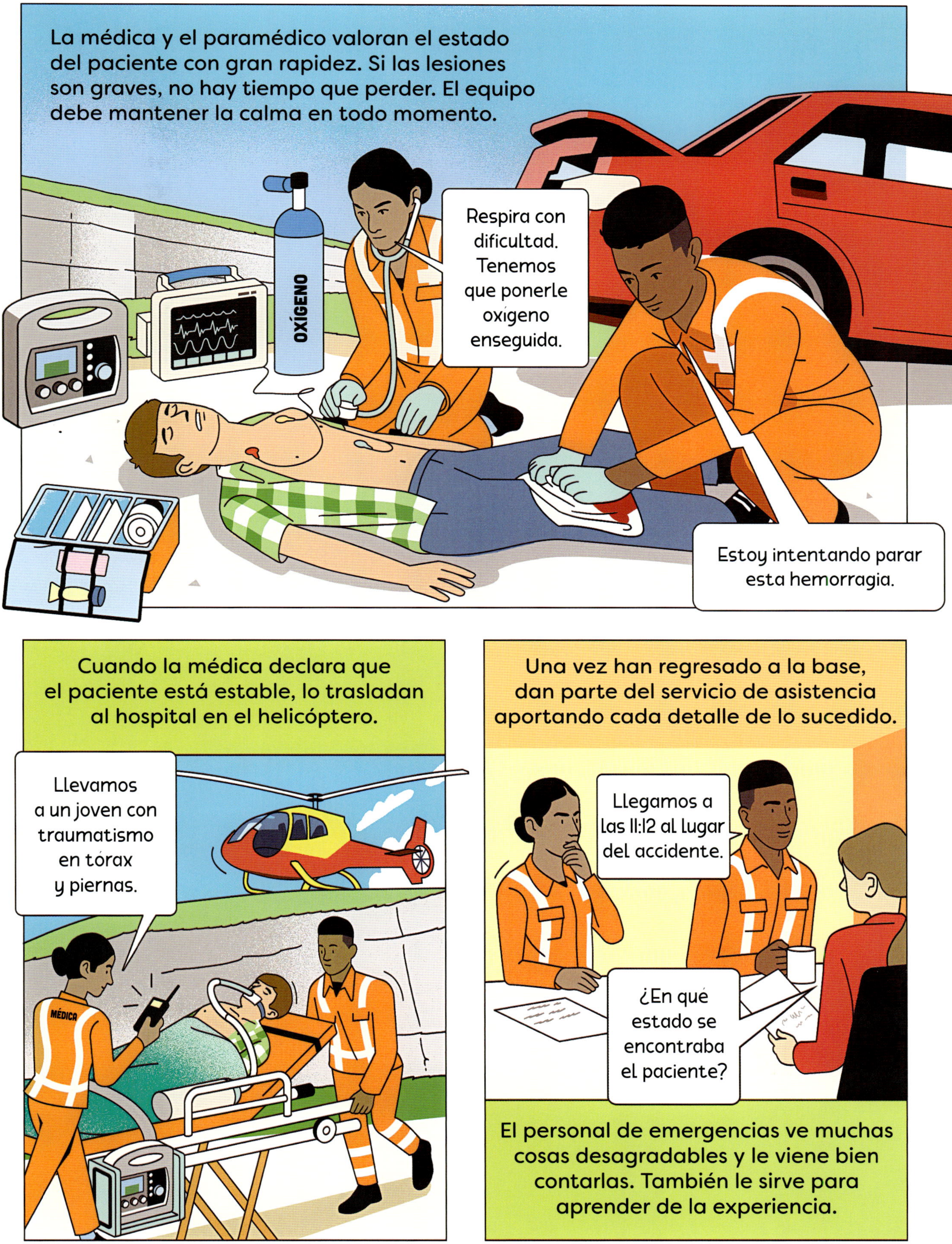

La médica y el paramédico valoran el estado del paciente con gran rapidez. Si las lesiones son graves, no hay tiempo que perder. El equipo debe mantener la calma en todo momento.

Respira con dificultad. Tenemos que ponerle oxígeno enseguida.

OXÍGENO

Estoy intentando parar esta hemorragia.

Cuando la médica declara que el paciente está estable, lo trasladan al hospital en el helicóptero.

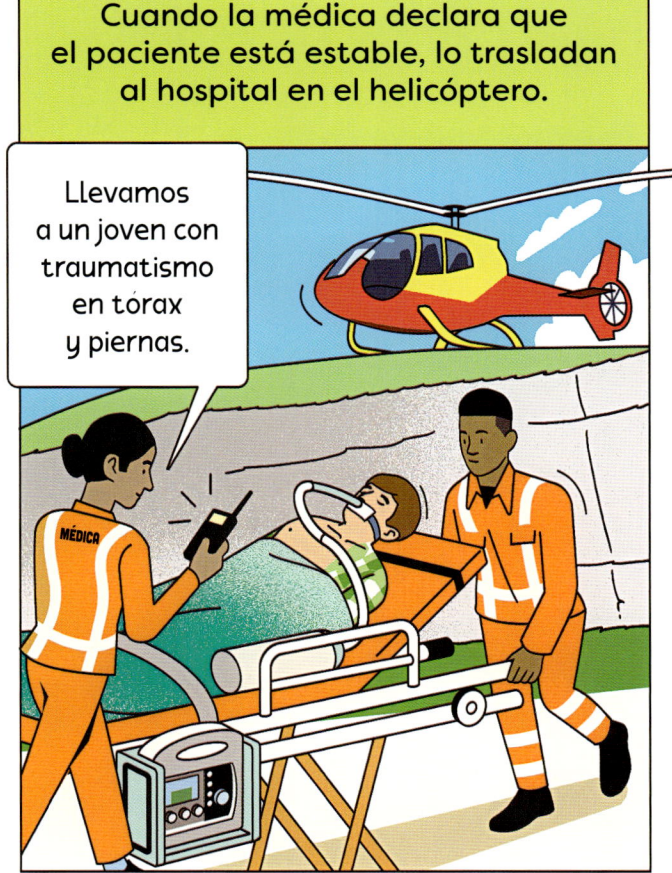

Llevamos a un joven con traumatismo en tórax y piernas.

MÉDICA

Una vez han regresado a la base, dan parte del servicio de asistencia aportando cada detalle de lo sucedido.

Llegamos a las 11:12 al lugar del accidente.

¿En qué estado se encontraba el paciente?

El personal de emergencias ve muchas cosas desagradables y le viene bien contarlas. También le sirve para aprender de la experiencia.

En primera línea

Hay médicos y médicas que se exponen a un alto riesgo trabajando en regiones en guerra o lugares tan inhóspitos como la Antártida.

Los médicos que realizan **labores humanitarias** ofrecen asistencia médica allá donde es más necesaria, como campos de refugiados o zonas afectadas por catástrofes naturales.

Los hospitales de campaña, como este, se levantan en apenas unos días.

En el interior de esta carpa se está operando.

Siguiente, por favor

¿Ve bien o borroso?

El personal sanitario puede encontrarse con heridas de guerra o enfermedades contagiosas, además de otros males más habituales.

¡Tenemos que sacar al bebé de inmediato!

A la aventura

Hay médicos y médicas que participan en EXPEDICIONES a lugares extraordinarios, donde los problemas médicos que deben afrontar pueden ser igual de insólitos.

El médico de una expedición debe saber resolver cualquier incidencia del equipo, como reconocer enfermedades tropicales poco comunes o...

¡una picadura de serpiente!

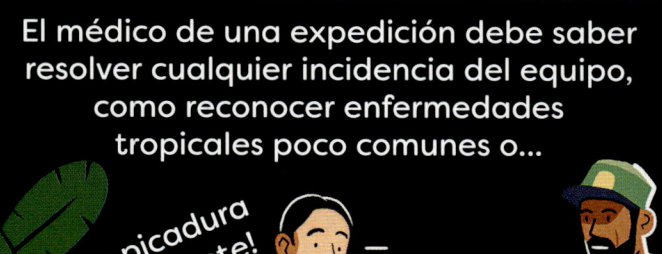

En esta selva hay muchísimas serpientes venenosas. Este médico debe saber cómo se trata la mordedura de cada una de ellas.

¡Tenemos que volver al campamento para que te inyecte el antídoto!

Las estaciones de investigación de la Antártida permanecen aisladas del resto del mundo durante los ocho meses que dura allí el invierno, con un solo médico.

Me ocupo de todo lo relacionado con la salud del equipo, ya sea una muela con caries, una depresión o una operación quirúrgica a vida o muerte.

Dra. Jerri Nielsen

Jerri Nielsen se diagnosticó un **cáncer** de mama en la Antártida en 1999.

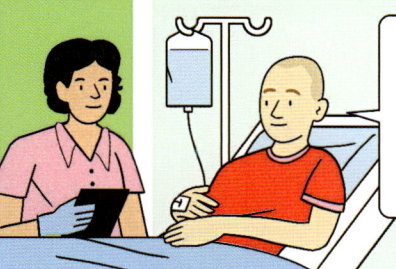

Tuve que operarme a mí misma y luego tratarme con **quimioterapia**.

En cuanto un avión pudo aterrizar en la estación, la llevaron a un hospital para tratarla y logró recuperarse.

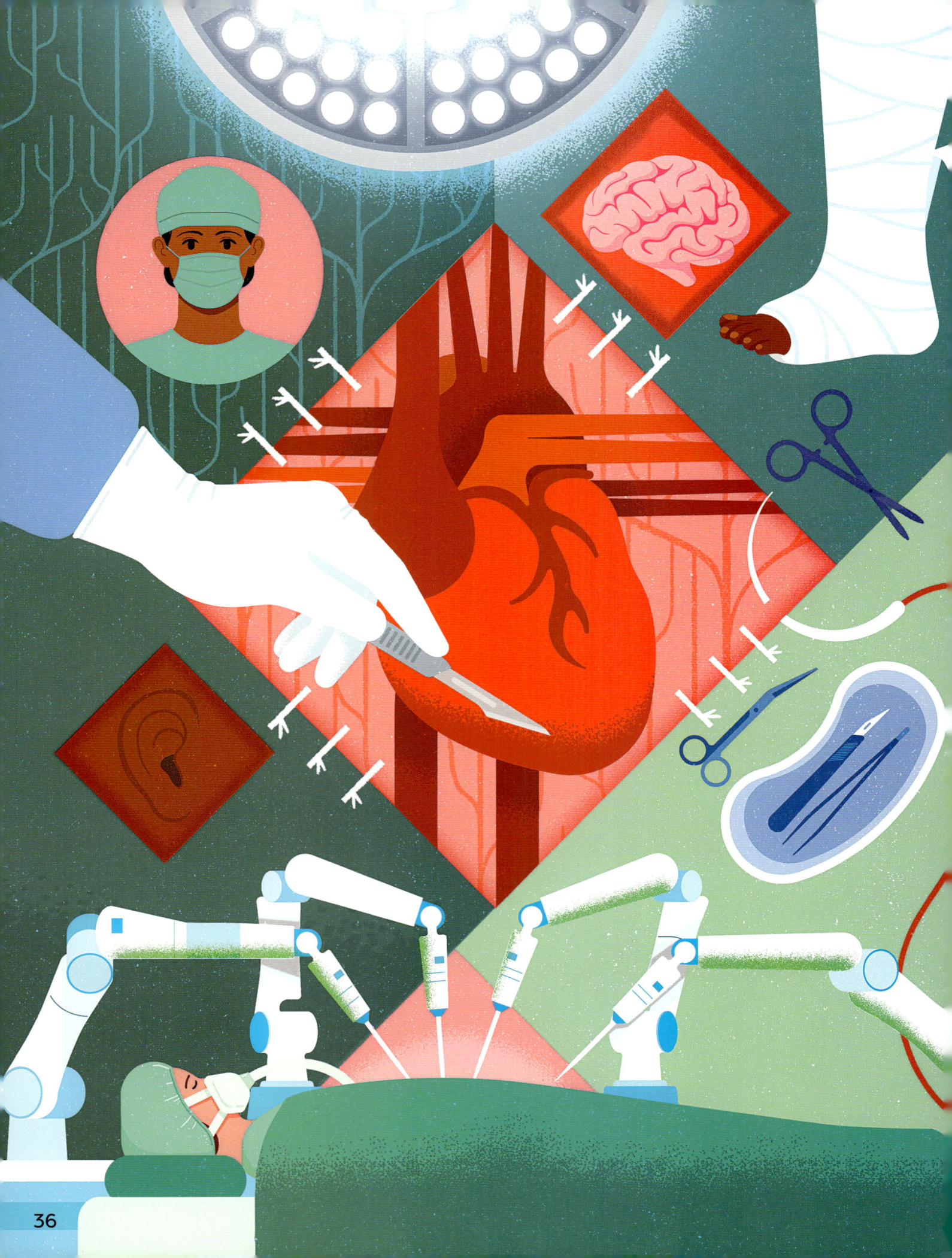

La cirugía

A veces, la única manera de arreglar un problema de salud consiste en abrir al paciente y operarlo. A eso se dedican las cirujanas y los cirujanos.

CIRUGÍA GENERAL - Engloba las operaciones comunes, como la extirpación del apéndice o la reparación de una hernia (la salida de parte de un **órgano** de la estructura que lo fija).

CIRUGÍA ORTOPÉDICA - Se usa para reparar articulaciones y huesos rotos. Como los cirujanos de esta especialidad usan taladros y sierras, los apodan "carpinteros".

CIRUGÍA ORL - Cubre las operaciones de oído, nariz y garganta.

CIRUGÍA TORÁCICA Y CARDIOVASCULAR - Esta especialidad se ocupa de las operaciones de corazón y pulmón.

CIRUGÍA PLÁSTICA - Restablece el aspecto original de partes del cuerpo afectadas por lesiones o enfermedades.

ANESTESIOLOGÍA - Esta rama se ocupa de dormir a los pacientes antes de las operaciones para que no les duelan y también de controlar su estado durante el transcurso de las intervenciones.

En el quirófano

La mayoría de cirugías se programa, pero a veces hay que intervenir de urgencia. Las operaciones, que pueden acabar en cuestión de minutos o prolongarse durante horas, se llevan a cabo en los quirófanos.

Cuando se opera a alguien, sus posibilidades de contraer una infección son mayores, por lo que es muy importante que todo esté completamente limpio y desinfectado.

El personal quirúrgico se lava las manos antes de operar.

Abrimos y cerramos el grifo con los codos.

Luego se pone guantes y batas quirúrgicas.

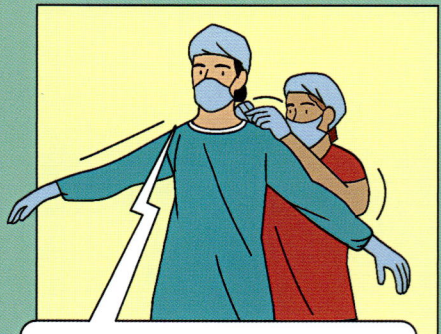

Las batas y los guantes están doblados de manera que, al ponérnoslos, solo los tocamos por dentro.

QUIRÓFANO N.º17

Esta es una operación programada. Con la ayuda de todo el equipo, el cirujano ortopédico va a cambiar la articulación de la rodilla del paciente por una metálica.

En los quirófanos hay luces muy potentes para que los cirujanos vean bien.

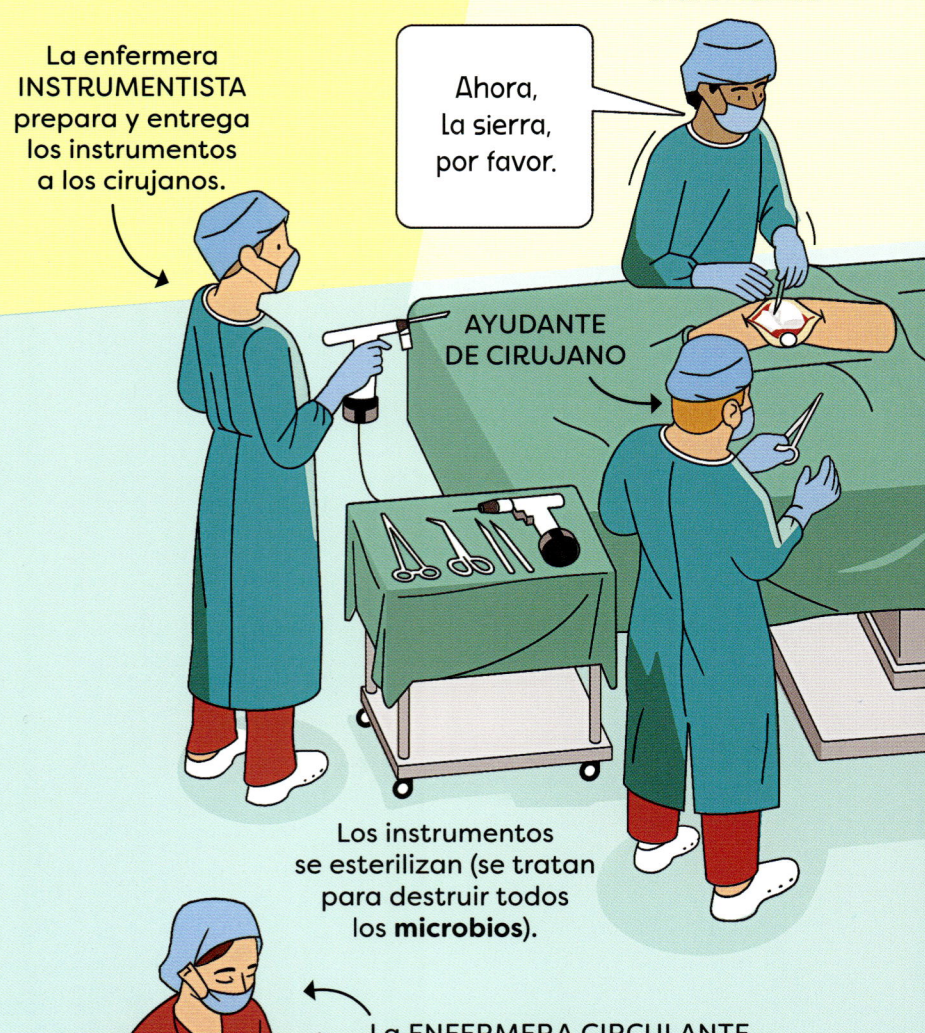

CIRUJANO ORTOPÉDICO

La enfermera INSTRUMENTISTA prepara y entrega los instrumentos a los cirujanos.

Ahora, la sierra, por favor.

AYUDANTE DE CIRUJANO

Los instrumentos se esterilizan (se tratan para destruir todos los **microbios**).

La ENFERMERA CIRCULANTE verifica el equipo quirúrgico y prepara la medicación.

La mayoría de los cirujanos solo pasa la mitad de su jornada laboral dentro de un quirófano.

El resto lo dedica a actualizar **historias clínicas**,

TIC
TIC
TIC

atender a pacientes,

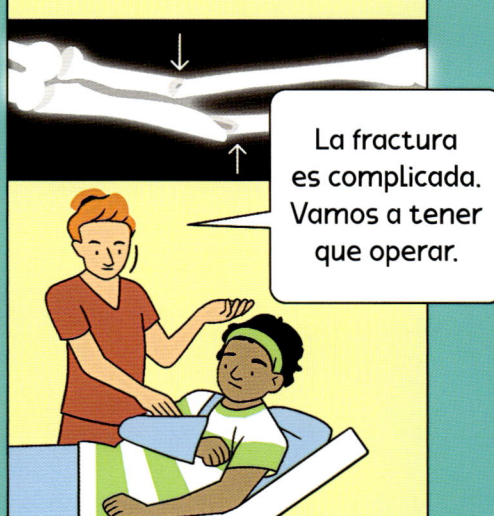

La fractura es complicada. Vamos a tener que operar.

ANESTESIÓLOGA

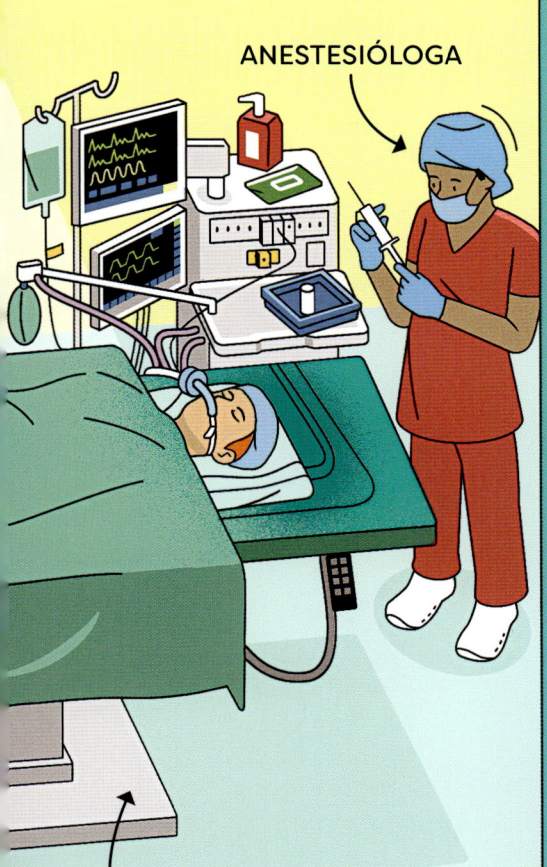

La mesa de quirófano se puede bajar, elevar y reclinar para que los cirujanos trabajen con mayor comodidad.

explicarles riesgos,

Puede que una pierna quede un pelín más corta.

revisar cómo se van recuperando...

Conviene que hagas algo de ejercicio.

y prepararse para operaciones difíciles.

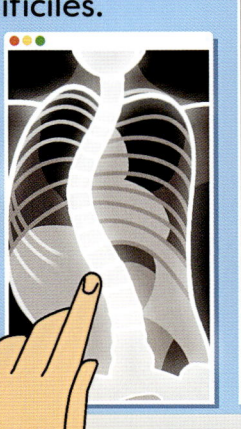

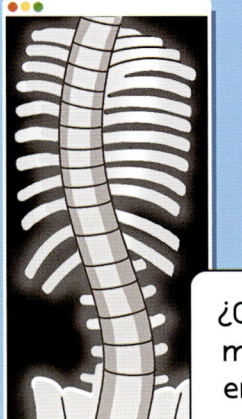

No podemos cortar por aquí. El **nervio** está demasiado cerca.

¿Cortamos más abajo, entonces?

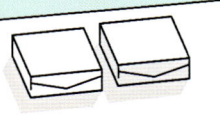

Técnicas quirúrgicas

Los cirujanos emplean una gran variedad de equipos y técnicas, según sea la operación. Estas son algunas de ellas...

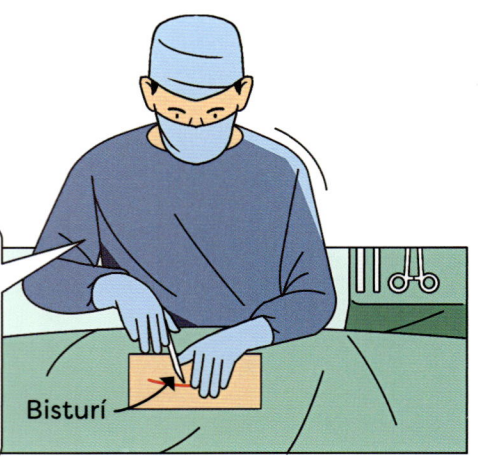

CIRUGÍA ABIERTA

La cirugía abierta implica realizar un corte en la zona problemática con un bisturí.

Voy a extirpar un quiste que tiene el paciente en el estómago.

Bisturí

LONDRES, REINO UNIDO

CIRUGÍA ROBÓTICA

Este cirujano controla los brazos del robot para realizar movimientos precisos que ve en la pantalla del ordenador.

Normalmente, el cirujano y el paciente se encuentran en un mismo lugar, pero también es posible operar a un paciente desde la otra punta del mundo.

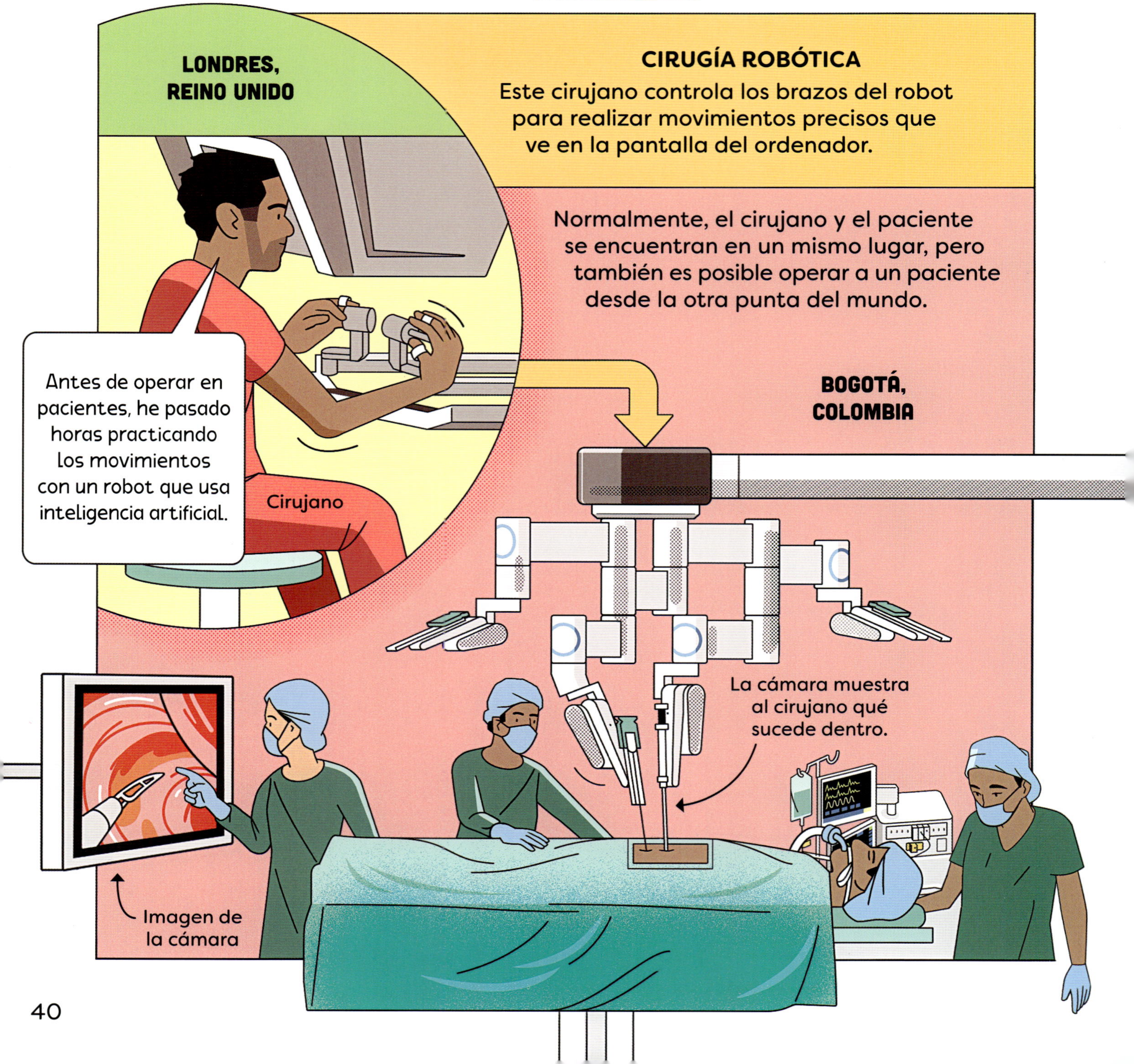

Antes de operar en pacientes, he pasado horas practicando los movimientos con un robot que usa inteligencia artificial.

Cirujano

BOGOTÁ, COLOMBIA

La cámara muestra al cirujano qué sucede dentro.

Imagen de la cámara

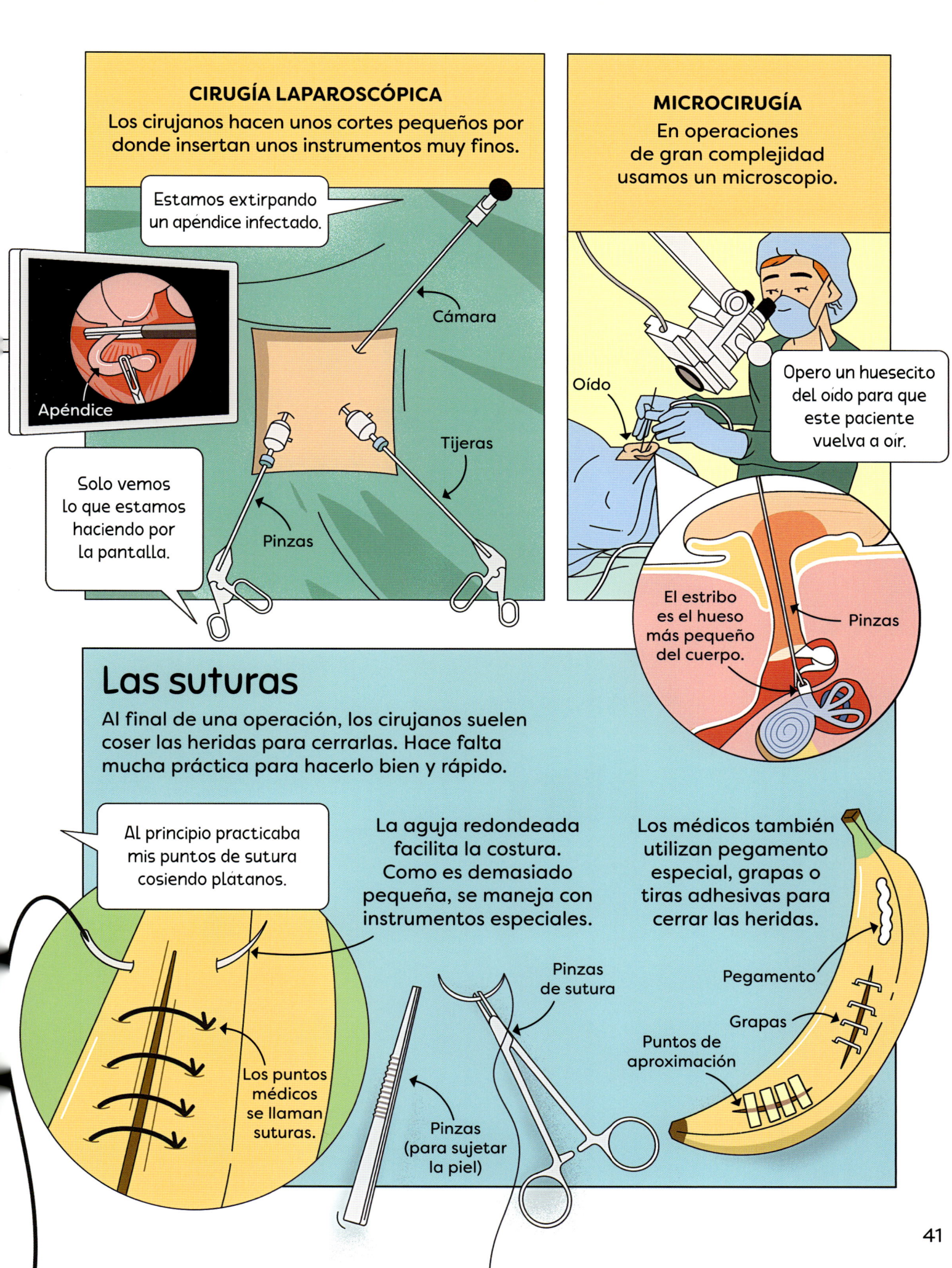

CIRUGÍA LAPAROSCÓPICA

Los cirujanos hacen unos cortes pequeños por donde insertan unos instrumentos muy finos.

Estamos extirpando un apéndice infectado.

Apéndice

Cámara

Solo vemos lo que estamos haciendo por la pantalla.

Tijeras

Pinzas

MICROCIRUGÍA

En operaciones de gran complejidad usamos un microscopio.

Oído

Opero un huesecito del oído para que este paciente vuelva a oír.

El estribo es el hueso más pequeño del cuerpo.

Pinzas

Las suturas

Al final de una operación, los cirujanos suelen coser las heridas para cerrarlas. Hace falta mucha práctica para hacerlo bien y rápido.

Al principio practicaba mis puntos de sutura cosiendo plátanos.

La aguja redondeada facilita la costura. Como es demasiado pequeña, se maneja con instrumentos especiales.

Los médicos también utilizan pegamento especial, grapas o tiras adhesivas para cerrar las heridas.

Los puntos médicos se llaman suturas.

Pinzas de sutura

Pinzas (para sujetar la piel)

Pegamento

Grapas

Puntos de aproximación

41

Sin dolor, mucho mejor

La mayoría de las operaciones no sería posible sin la intervención de los ANESTESIÓLOGOS. Estos médicos duermen al paciente para que no sienta dolor durante la operación.

Antes de la operación, el anestesiólogo inyecta al paciente una anestesia general: una mezcla de sustancias que lo duerme por completo.

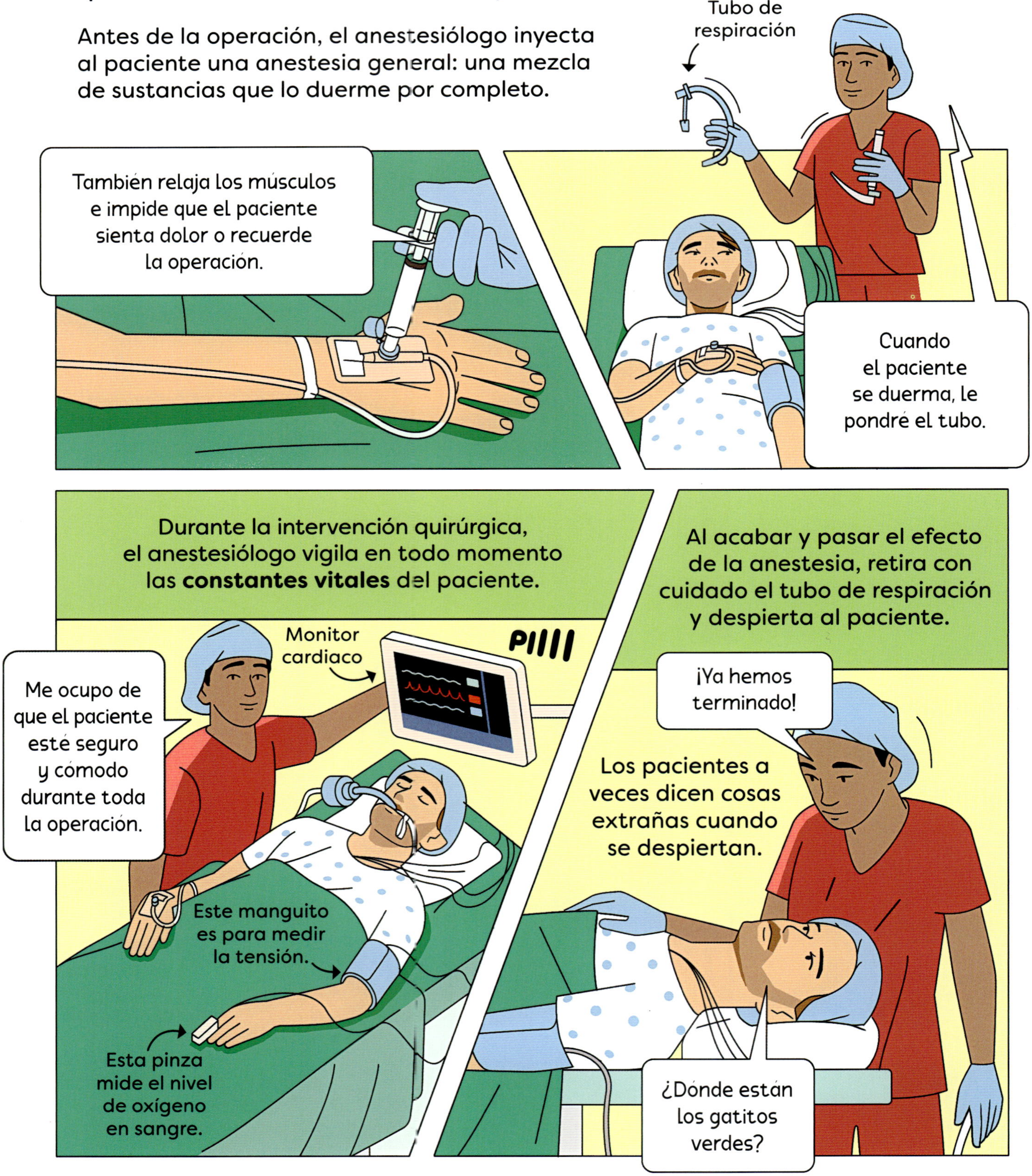

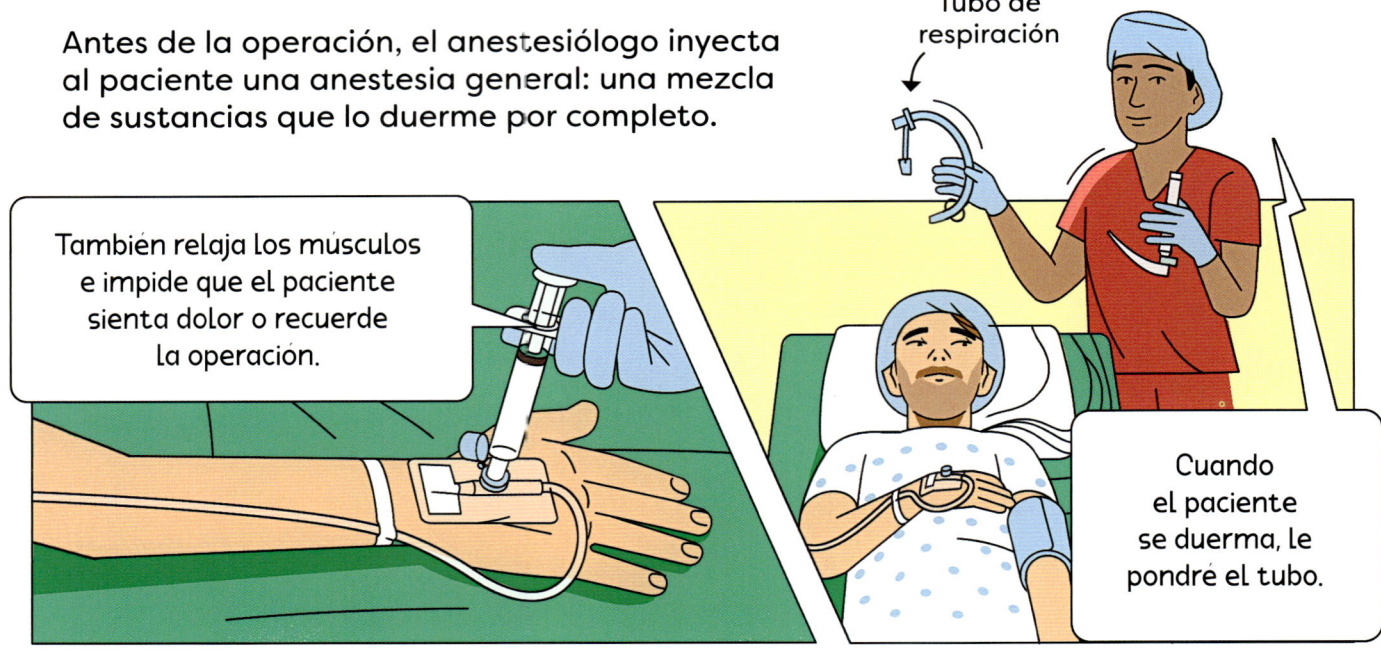

Tubo de respiración

También relaja los músculos e impide que el paciente sienta dolor o recuerde la operación.

Cuando el paciente se duerma, le pondré el tubo.

Durante la intervención quirúrgica, el anestesiólogo vigila en todo momento las **constantes vitales** del paciente.

Al acabar y pasar el efecto de la anestesia, retira con cuidado el tubo de respiración y despierta al paciente.

Monitor cardiaco

PIIII

Me ocupo de que el paciente esté seguro y cómodo durante toda la operación.

¡Ya hemos terminado!

Los pacientes a veces dicen cosas extrañas cuando se despiertan.

Este manguito es para medir la tensión.

Esta pinza mide el nivel de oxígeno en sangre.

¿Dónde están los gatitos verdes?

Barrera antidolor

En lugar de dormir por completo al paciente, a veces se le anestesia solo una parte del cuerpo.

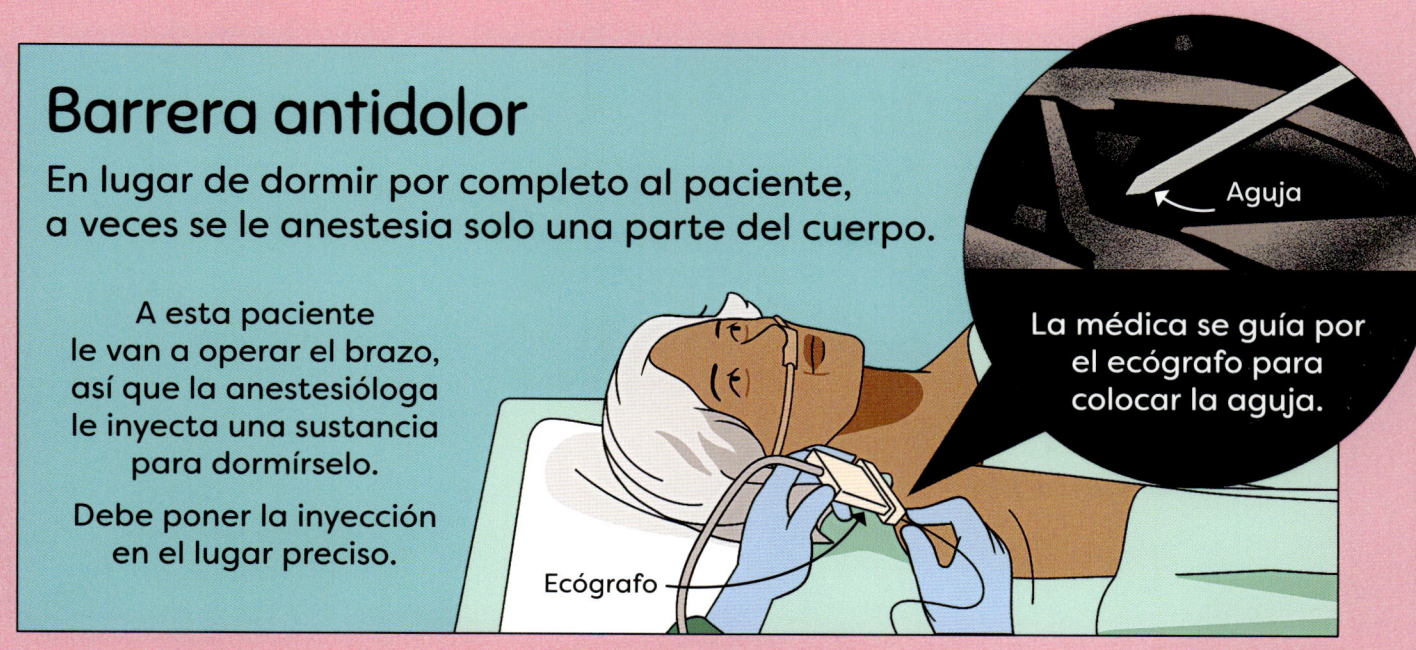

A esta paciente le van a operar el brazo, así que la anestesióloga le inyecta una sustancia para dormírselo.

Debe poner la inyección en el lugar preciso.

Agua

La médica se guía por el ecógrafo para colocar la aguja.

Ecógrafo

Cirugía cerebral

En cirugía cerebral, primero se duerme al paciente y luego se le despierta para que los NEUROCIRUJANOS (cirujanos del cerebro) vayan comprobando cómo le funciona el cerebro mientras operan.

Estos neurocirujanos operan mientras la paciente toca el violín. Esto les sirve para evitar dañar las zonas del cerebro que se utilizan al tocar este instrumento.

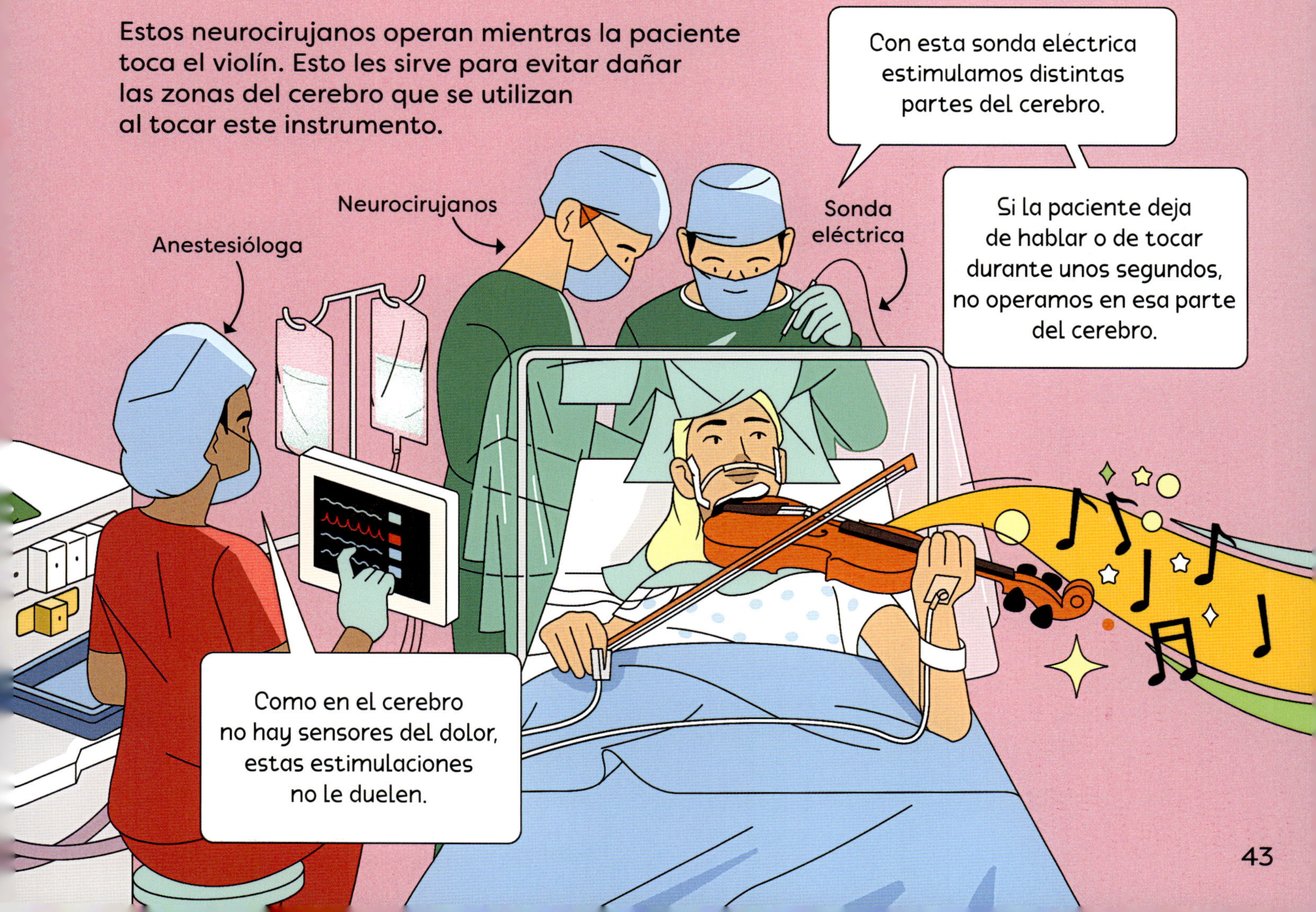

Con esta sonda eléctrica estimulamos distintas partes del cerebro.

Si la paciente deja de hablar o de tocar durante unos segundos, no operamos en esa parte del cerebro.

Anestesióloga

Neurocirujanos

Sonda eléctrica

Como en el cerebro no hay sensores del dolor, estas estimulaciones no le duelen.

Cirugías complejas

Hay operaciones especialmente complicadas y peligrosas. Sin embargo, si funcionan, mejoran en gran medida la calidad de vida o incluso la salvan, así que por eso se corre el riesgo.

El transplante de corazón (cuando se cambia un corazón enfermo por otro de un donante) es una de las operaciones más difíciles y solo se realiza cuando ya no queda otra posibilidad de tratamiento.

Estas CIRUJANAS CARDIOVASCULARES (del corazón) realizan un corte vertical en el centro del pecho del paciente.

Retiran el corazón enfermo y colocan uno nuevo en su lugar.

Luego conectan las arterias y venas principales con mucho cuidado y lo cosen todo.

Hasta que el nuevo corazón está en su sitio y en funcionamiento, la sangre se oxigena y circula por el cuerpo del paciente mediante un *bypass* cardiopulmonar.

PIII
PIII

RUUUN

RUUUN

La operación dura entre 4 y 10 horas.

El paciente tiene muchas revisiones periódicas después del trasplante para comprobar que todo vaya bien.

Los resultados de las pruebas son buenos. Debe seguir tomando estas pastillas para que el cuerpo no le rechace el corazón nuevo.

PRUEBAS

¡Qué alivio! ¡Gracias!

Reparaciones muy delicadas

En ocasiones, el rostro de una persona puede desfigurarse por un accidente o una enfermedad. Su arreglo puede ser complicado y suele recaer en los CIRUJANOS PLÁSTICOS.

Estos cirujanos plásticos operan a un paciente con **cáncer**.

Este cirujano extirpa un tumor cancerígeno en la mejilla del paciente.

Con las gafas de aumento vemos mejor.

Esta otra cirujana se ocupa de extraer músculo y hueso de la cadera del paciente para reconstruirle la mejilla.

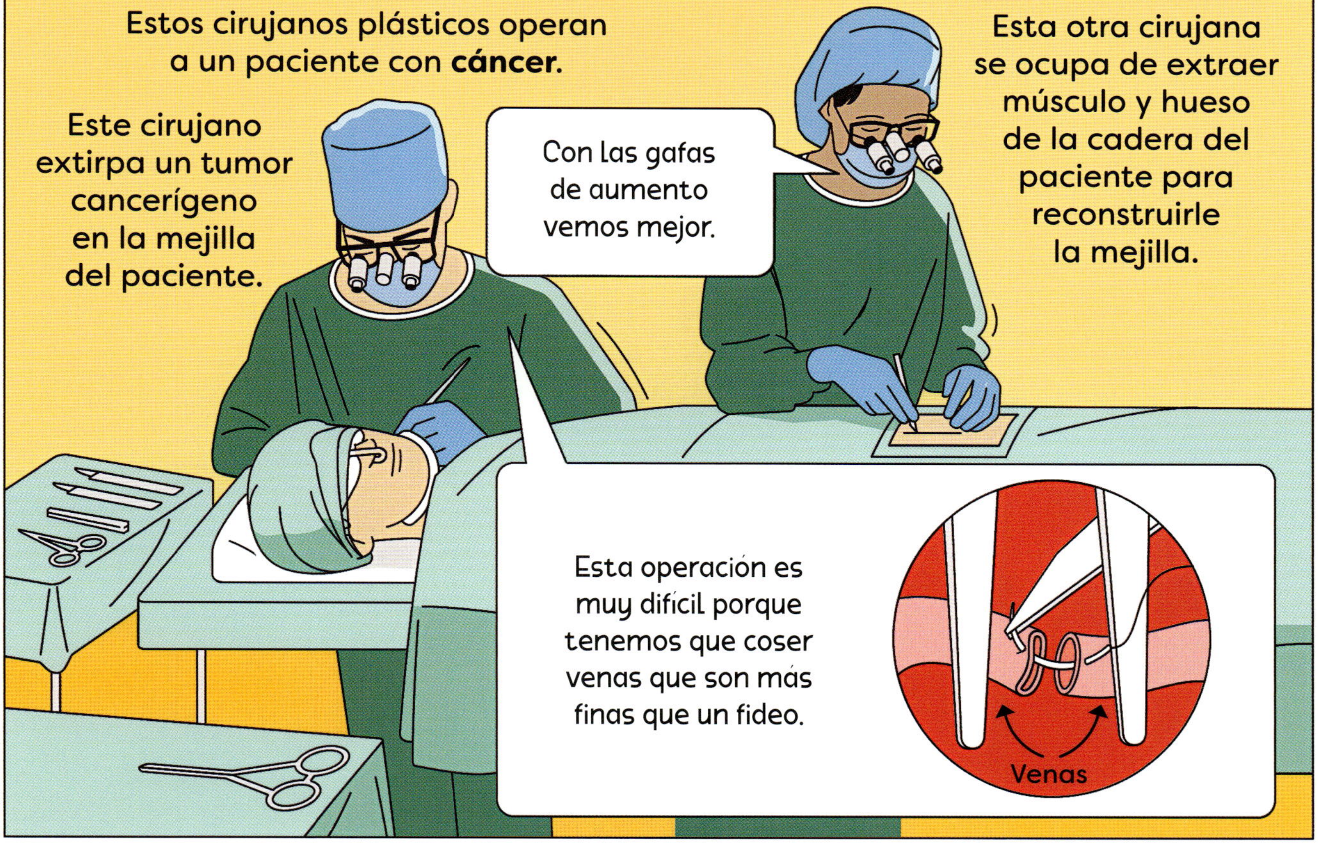

Esta operación es muy difícil porque tenemos que coser venas que son más finas que un fideo.

Venas

Cuatro días de quirófano

En 2001, veinte médicos se turnaron durante cuatro días para separar a dos mellizas unidas por la cabeza.

¡La operación se realizó con éxito!

Los cirujanos estuvieron seis meses planificando y practicando antes de intervenir.

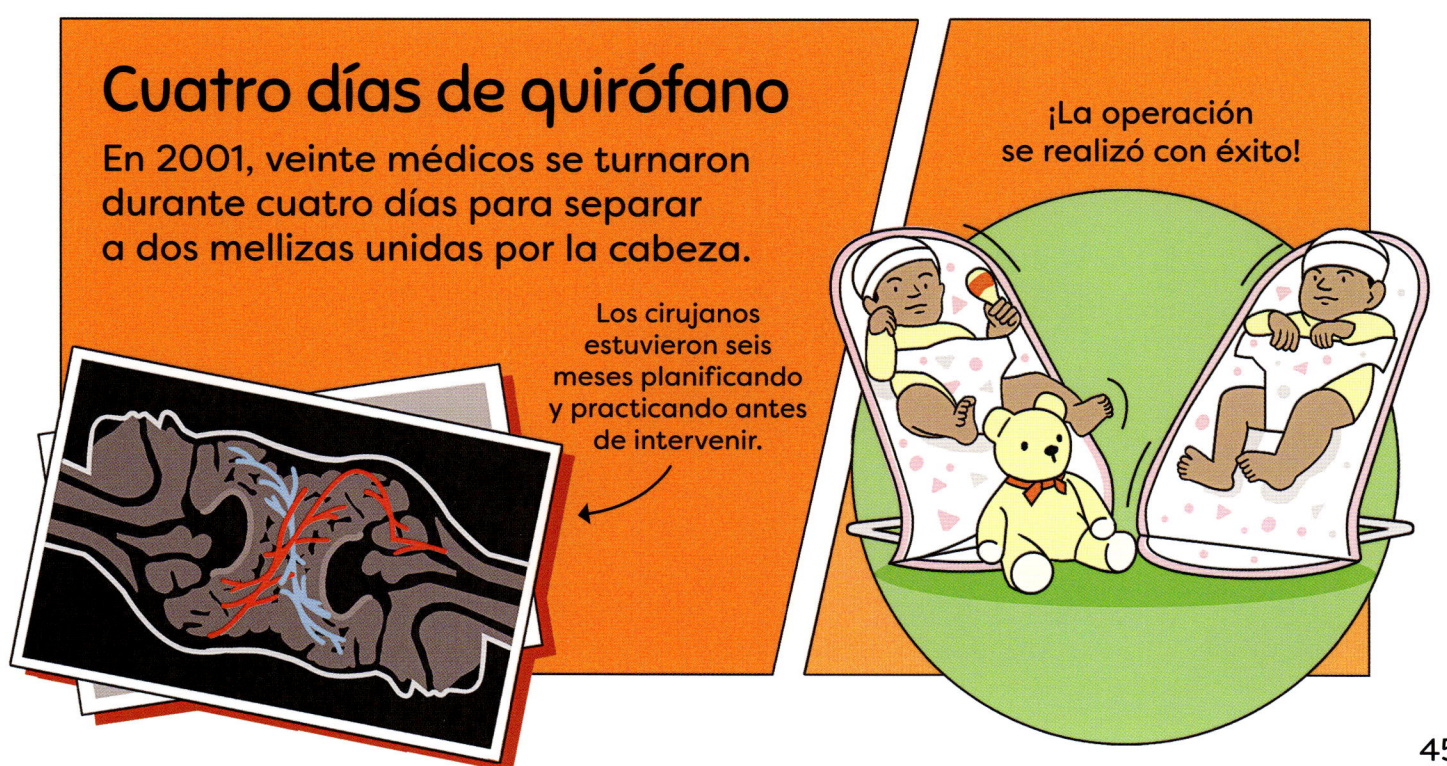

La salud comunitaria

Las médicas y los médicos de estas especialidades se ocupan de prevenir la enfermedad de maneras diversas, ya sea controlando la tensión arterial de sus pacientes o combatiendo **pandemias**.

MEDICINA DE FAMILIA - Los médicos de esta especialidad cuidan de la salud de los pacientes de una comunidad e intentan efectuar una detección temprana de enfermedades más graves.

ENFERMEDADES INFECCIOSAS - Los especialistas de esta rama tratan enfermedades muy contagiosas que pueden ser peligrosas.

MEDICINA PREVENTIVA Y SALUD PÚBLICA - Quienes trabajan en esta especialidad se ocupan de mejorar la salud de la población mediante **vacunas**, asesoramiento a las administraciones, etc.

Por una población sana

La prevención y detección temprana de enfermedades es una de las principales labores de muchos médicos y médicas. Mientras unos ven a sus pacientes con frecuencia con este fin, otros ni siquiera conocen a los beneficiarios de sus tratamientos.

Los MÉDICOS DE FAMILIA y los PEDIATRAS (especialistas en niños y niñas) llevan a cabo controles a ciertas edades.

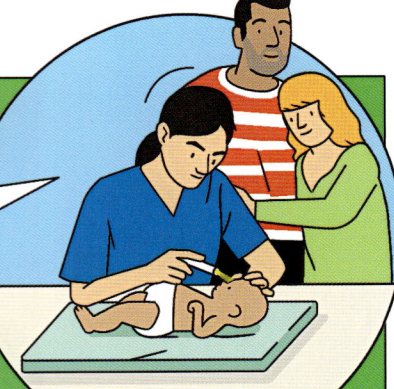

CRIBADO NEONATAL

Pruebas en recién nacidos para detectar problemas en ojos, corazón y caderas

La niña parece estar muy sana.

Todo va estupendo.

DESDE LOS DOS MESES HASTA LOS 12 AÑOS

Programa de control del crecimiento, la vista y la tensión arterial cada tanto tiempo

CRIBADOS DESDE LOS 50 AÑOS

Pruebas para detectar **cáncer** de mama y colon y que se repiten cada cierto tiempo

Además de los controles programados, los médicos de familia aprovechan otras citas con sus pacientes para examinarlos o solicitar pruebas y prevenir enfermedades.

MAYORES DE 65

Los pacientes mayores deben hacerse controles más frecuentes.

Si detectamos pronto un **cáncer**, las posibilidades de superarlo son mayores.

Tiene la tensión muy alta. Podría sufrir un **infarto** o un **ictus** si no la controlamos. Voy a recetarle unas pastillas para que le baje.

48

Las médicas y los médicos especializados en SALUD PÚBLICA colaboran con científicos y organismos públicos para mejorar la salud de la población.

Los programas de vacunación forman una parte importante de sus funciones. Las **vacunas** son medicamentos preventivos: evitan que la gente contraiga **enfermedades infecciosas**, como el sarampión o la gripe.

Estos médicos organizan ensayos clínicos con otros profesionales para cerciorarse de que las **vacunas** nuevas sean seguras y eficaces.

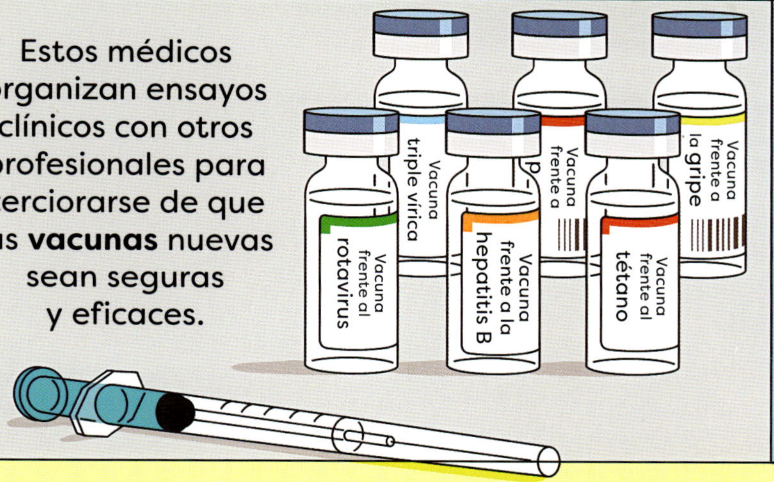

Vacuna triple vírica
Vacuna frente al rotavirus
Vacuna frente a la hepatitis B
Vacuna frente a la gripe
Vacuna frente al tétano

Una vez aprobada, hay que decidir quién debería recibir la **vacuna**.

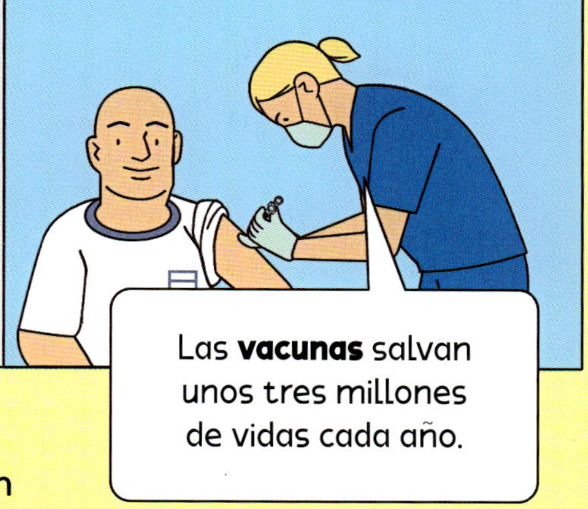

Las **vacunas** salvan unos tres millones de vidas cada año.

Estos médicos también estudian cómo se propagan enfermedades como la gripe, y su efecto en la población.

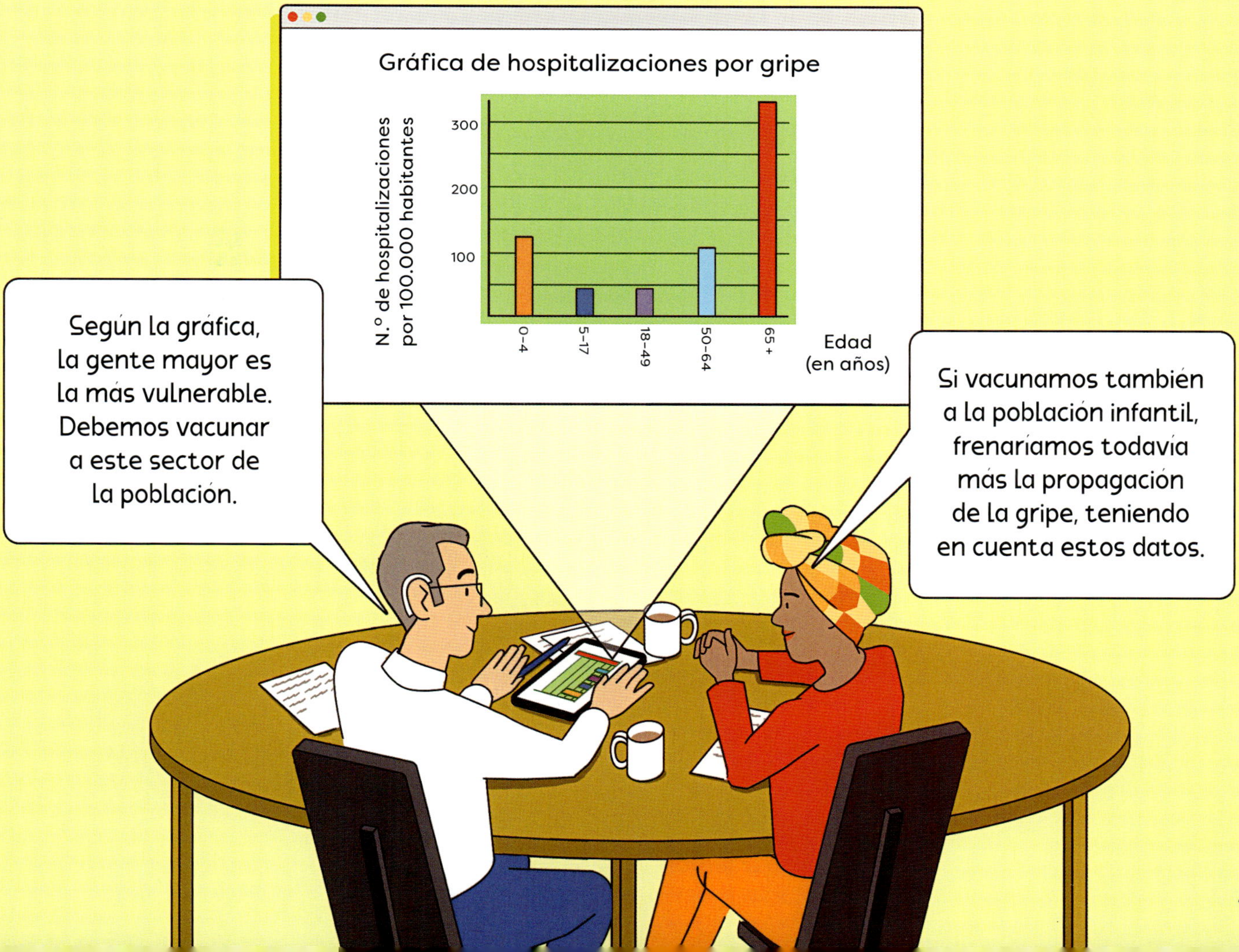

Gráfica de hospitalizaciones por gripe

N.º de hospitalizaciones por 100.000 habitantes

300

200

100

0-4   5-17   18-49   50-64   65+   Edad (en años)

Según la gráfica, la gente mayor es la más vulnerable. Debemos vacunar a este sector de la población.

Si vacunamos también a la población infantil, frenaríamos todavía más la propagación de la gripe, teniendo en cuenta estos datos.

Las enfermedades infecciosas

Las **enfermedades infecciosas** se transmiten rápidamente, por lo que mucha gente enferma a la vez. Los médicos y médicas de distintas especialidades trabajan en equipo para controlar las epidemias.

Las enfermedades más graves son de declaración obligatoria. Se debe informar de ellas de inmediato.

Acabo de ver a un paciente con meningitis bacteriana (que está causada por una **bacteria**).

Este médico de salud pública decide cómo responder.

Localiza a todas las personas con las que haya tenido contacto para tratarlas también.

El análisis de las aguas residuales procura información valiosa acerca de la salud de una población, ya que los **microbios** que provocan enfermedades suelen estar presentes en los excrementos.

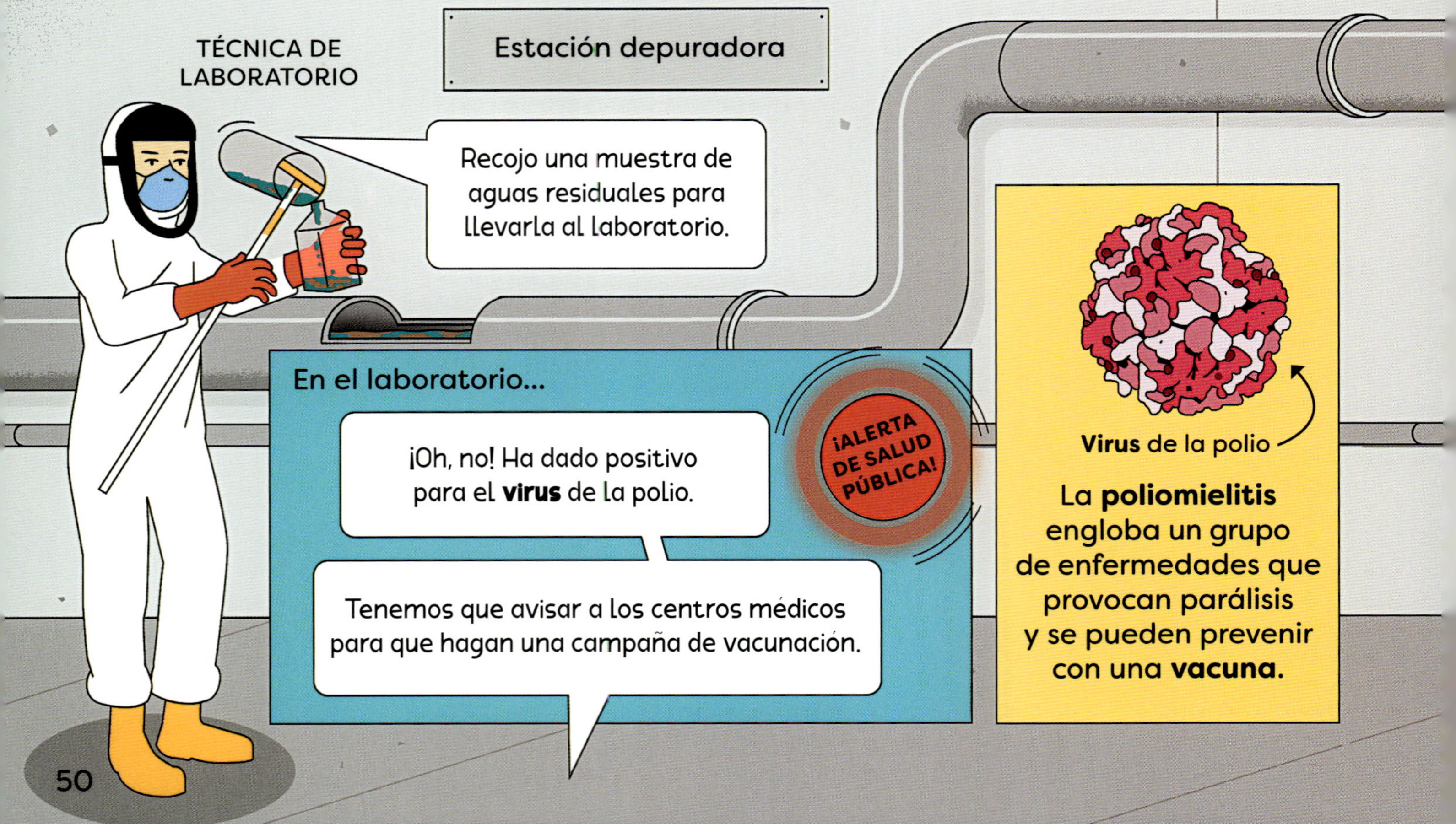

TÉCNICA DE LABORATORIO

Estación depuradora

Recojo una muestra de aguas residuales para llevarla al laboratorio.

En el laboratorio...

¡Oh, no! Ha dado positivo para el **virus** de la polio.

¡ALERTA DE SALUD PÚBLICA!

Tenemos que avisar a los centros médicos para que hagan una campaña de vacunación.

Virus de la polio

La **poliomielitis** engloba un grupo de enfermedades que provocan parálisis y se pueden prevenir con una **vacuna**.

Peligrosas e incluso mortales

La especialidad de ENFERMEDADES INFECCIOSAS no es para pusilánimes, ya que se trabaja con **microbios** que pueden llegar a ser mortales.

Estos profesionales han de tomar muchas precauciones. En algunas ocasiones, deben tratar a sus pacientes en unidades de aislamiento de alto nivel para evitar toda posibilidad de contagio.

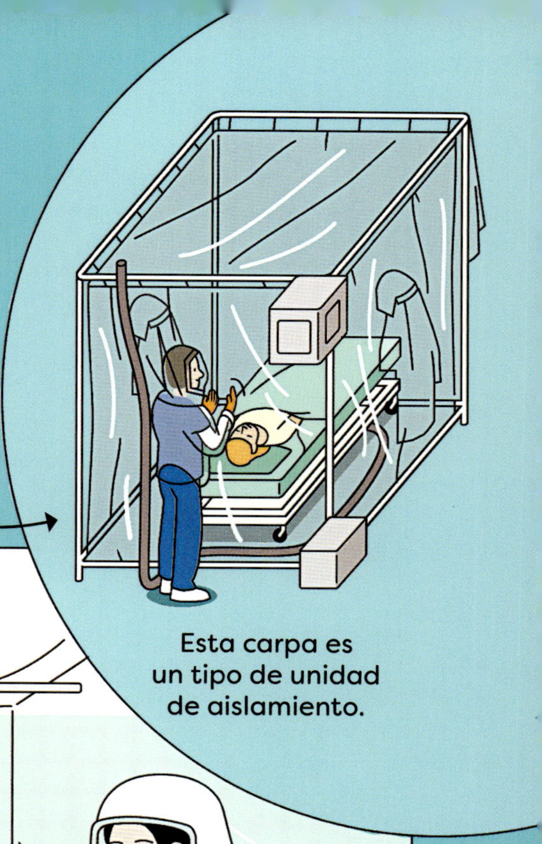

Esta carpa es un tipo de unidad de aislamiento.

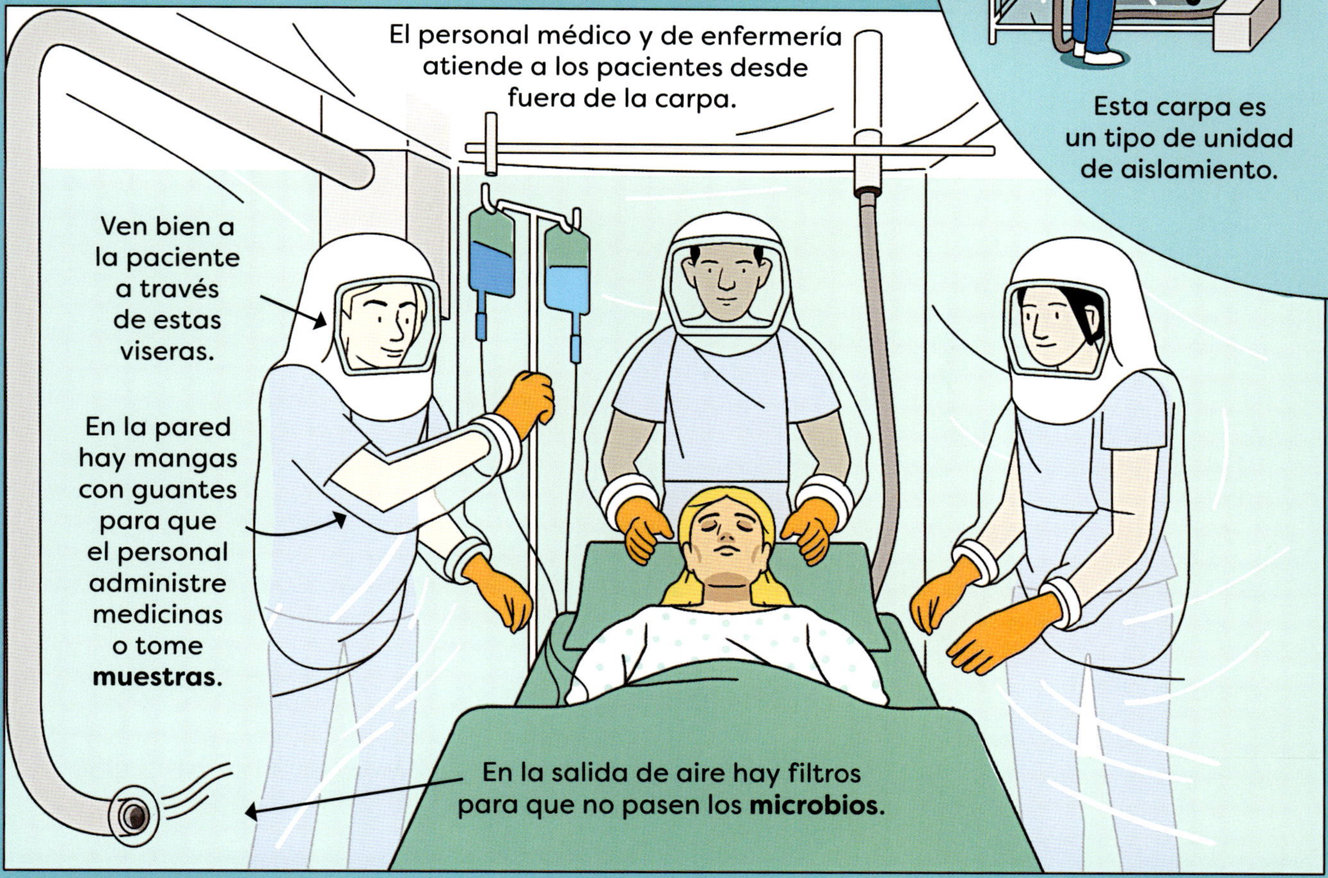

El personal médico y de enfermería atiende a los pacientes desde fuera de la carpa.

Ven bien a la paciente a través de estas viseras.

En la pared hay mangas con guantes para que el personal administre medicinas o tome **muestras**.

En la salida de aire hay filtros para que no pasen los **microbios**.

Estos especialistas también trabajan con **microbios** peligrosos en los laboratorios.

Usamos estas cabinas de seguridad biológica para manejarlos.

No me contagio porque siempre toco las **muestras** con estos guantes.

Las pandemias

Cuando una epidemia se extiende y abarca varios países, hablamos de **pandemia**. Cuando se produce una **pandemia**, toda la comunidad médica aúna esfuerzos para combatirla.

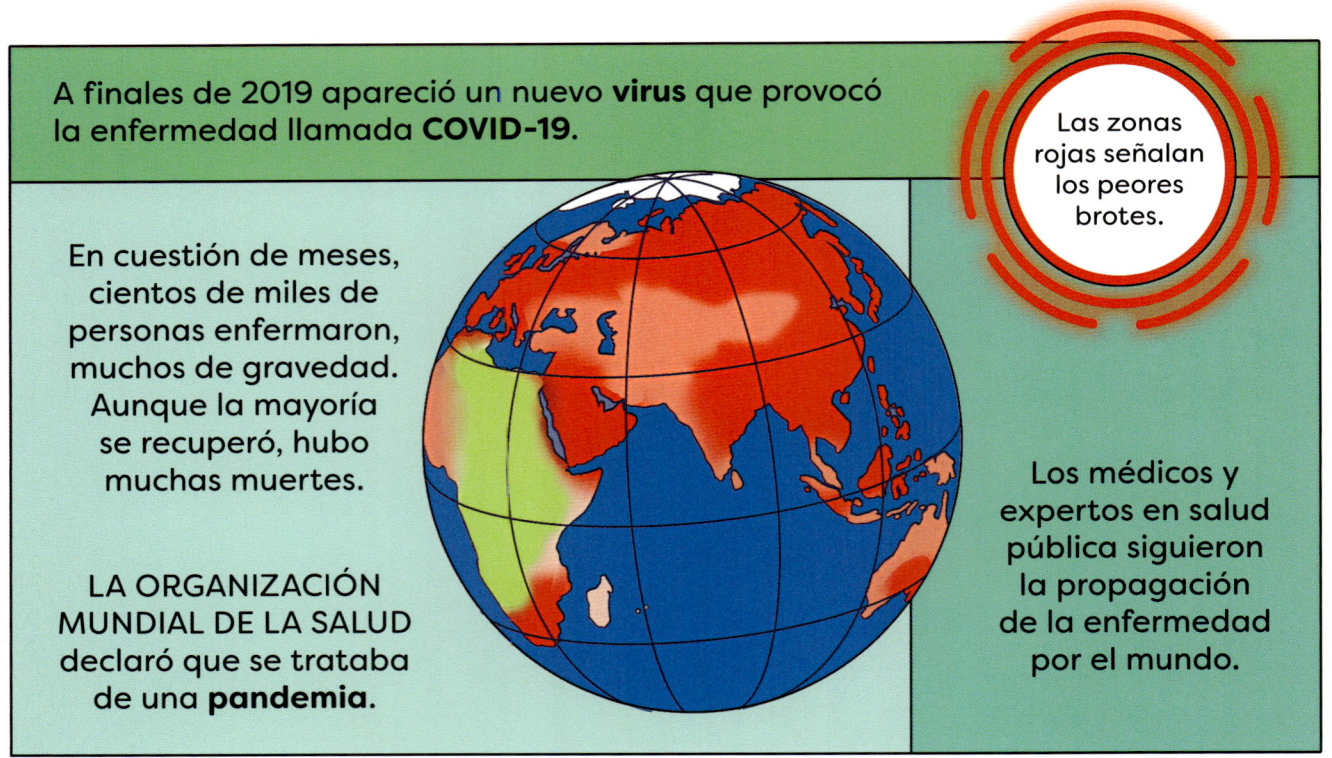

A finales de 2019 apareció un nuevo **virus** que provocó la enfermedad llamada **COVID-19**.

Las zonas rojas señalan los peores brotes.

En cuestión de meses, cientos de miles de personas enfermaron, muchos de gravedad. Aunque la mayoría se recuperó, hubo muchas muertes.

LA ORGANIZACIÓN MUNDIAL DE LA SALUD declaró que se trataba de una **pandemia**.

Los médicos y expertos en salud pública siguieron la propagación de la enfermedad por el mundo.

El personal sanitario, volcado en el cuidado de los enfermos, usó equipos de protección.

Lo más difícil es quitártelo, porque el más mínimo error te expone al **virus**.

Los médicos EPIDEMIÓLOGOS asesoraron a los gobiernos y a la población en general sobre cómo actuar.

DIRECTOR DEL CENTRO DE COORDINACIÓN

No salgan de casa, excepto para compras que sean esenciales.

NOTICIAS ÚLTIMA HORA

Por su parte, los especialistas en **enfermedades infecciosas** y salud pública colaboraron con otros científicos para averiguar más cosas sobre el **virus** y la enfermedad.

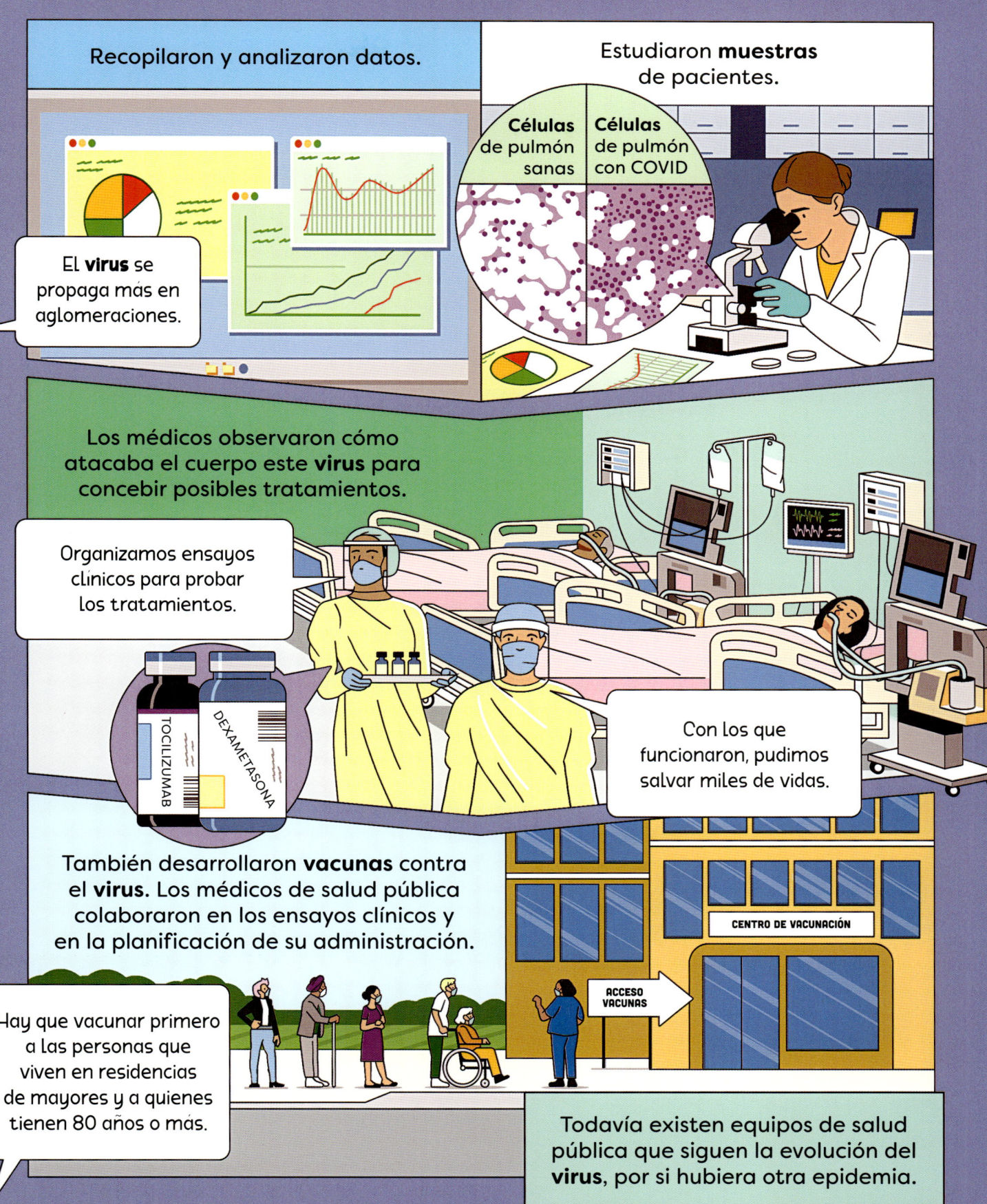

Recopilaron y analizaron datos.

El **virus** se propaga más en aglomeraciones.

Estudiaron **muestras** de pacientes.

Células de pulmón sanas

Células de pulmón con COVID

Los médicos observaron cómo atacaba el cuerpo este **virus** para concebir posibles tratamientos.

Organizamos ensayos clínicos para probar los tratamientos.

TOCILIZUMAB

DEXAMETASONA

Con los que funcionaron, pudimos salvar miles de vidas.

También desarrollaron **vacunas** contra el **virus**. Los médicos de salud pública colaboraron en los ensayos clínicos y en la planificación de su administración.

CENTRO DE VACUNACIÓN

ACCESO VACUNAS

Hay que vacunar primero a las personas que viven en residencias de mayores y a quienes tienen 80 años o más.

Todavía existen equipos de salud pública que siguen la evolución del **virus**, por si hubiera otra epidemia.

Especialistas en cerebros

Los médicos y médicas de varias especialidades se ocupan del cuidado del cerebro y de los trastornos mentales que afectan al comportamiento y el pensamiento de las personas.

NEUROLOGÍA - Esta rama se encarga de diagnosticar y tratar enfermedades del cerebro y el **sistema nervioso** (conjunto de **nervios** que conectan el cerebro con el resto del cuerpo).

NEUROCIRUGÍA - Esta especialidad es la que se ocupa de las operaciones del cerebro y el **sistema nervioso**.

PSIQUIATRÍA - Esta ciencia ayuda a las personas cuyos pensamientos o estados emocionales les causan problemas.

Problemas cerebrales

El cerebro es el **órgano** más complejo del cuerpo, por lo que su tratamiento es tan difícil como fascinante. Las NEURÓLOGAS y los NEURÓLOGOS son quienes cuidan del cerebro y estudian su funcionamiento.

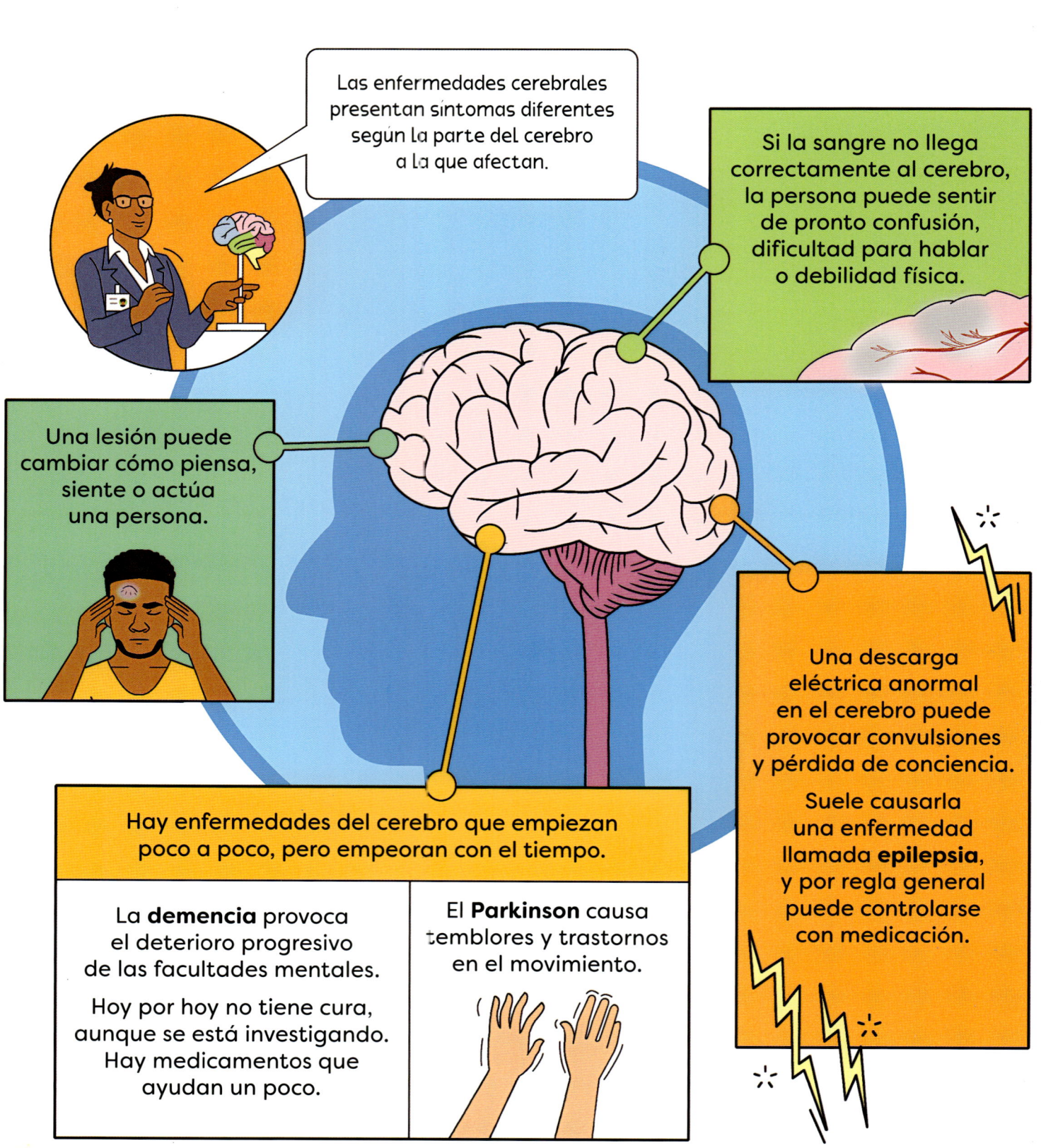

Las enfermedades cerebrales presentan síntomas diferentes según la parte del cerebro a la que afectan.

Si la sangre no llega correctamente al cerebro, la persona puede sentir de pronto confusión, dificultad para hablar o debilidad física.

Una lesión puede cambiar cómo piensa, siente o actúa una persona.

Una descarga eléctrica anormal en el cerebro puede provocar convulsiones y pérdida de conciencia.

Suele causarla una enfermedad llamada **epilepsia**, y por regla general puede controlarse con medicación.

Hay enfermedades del cerebro que empiezan poco a poco, pero empeoran con el tiempo.

La **demencia** provoca el deterioro progresivo de las facultades mentales.

Hoy por hoy no tiene cura, aunque se está investigando. Hay medicamentos que ayudan un poco.

El **Parkinson** causa temblores y trastornos en el movimiento.

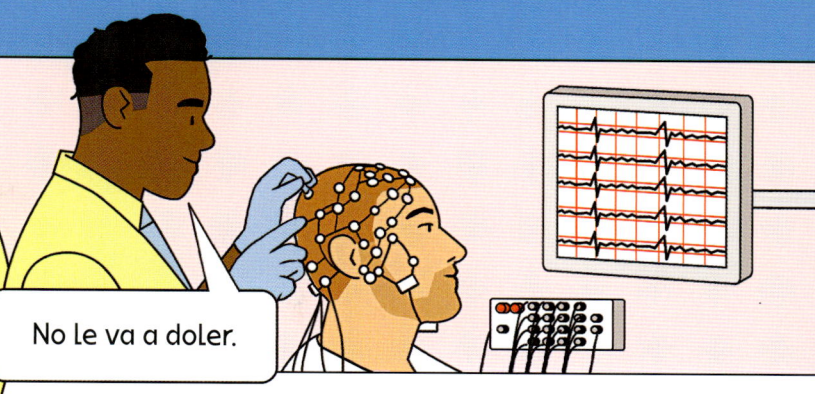

Los neurólogos se valen de pruebas e imágenes internas para investigar qué está sucediendo en el cerebro de sus pacientes.

No le va a doler.

En esta prueba se colocan en la cabeza del paciente unos sensores que detectan la actividad eléctrica del cerebro para así averiguar si padece de **epilepsia**.

Hay enfermedades cerebrales que se pueden curar, o al menos paliar, mediante cirugía. Estas operaciones son la especialidad de los NEUROCIRUJANOS.

Nuestras operaciones son lentas y muy minuciosas para no dañar partes importantes del cerebro.

La **estimulación cerebral profunda** es una técnica que logra aliviar rigideces o temblores extremos como los provocados por la **enfermedad de Parkinson**.

El neurocirujano hace orificios en el cráneo e implanta electrodos en las partes del cerebro causantes del problema.

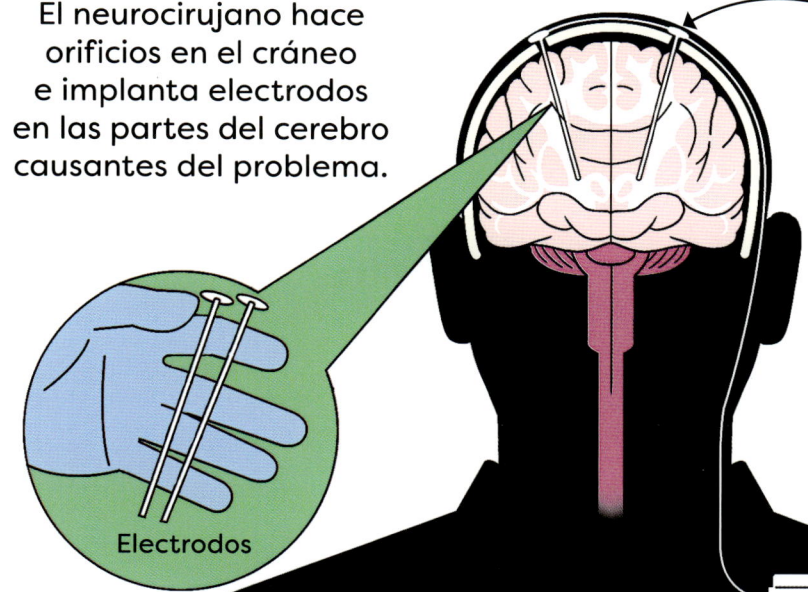

Electrodos

Los electrodos se conectan por debajo de la piel a un dispositivo que envía unas señales eléctricas que consiguen estimular el cerebro y reducen así los síntomas.

La neuróloga ajusta las señales que envía el dispositivo para mejorar los resultados.

Misterios del cerebro

Hay muchísimas cosas del cerebro y sus enfermedades que seguimos sin conocer o comprender, pero las médicas y los médicos que trabajan en investigación neurológica ponen todo su empeño en desentrañar sus misterios. Estas son algunas de las líneas de investigación actuales:

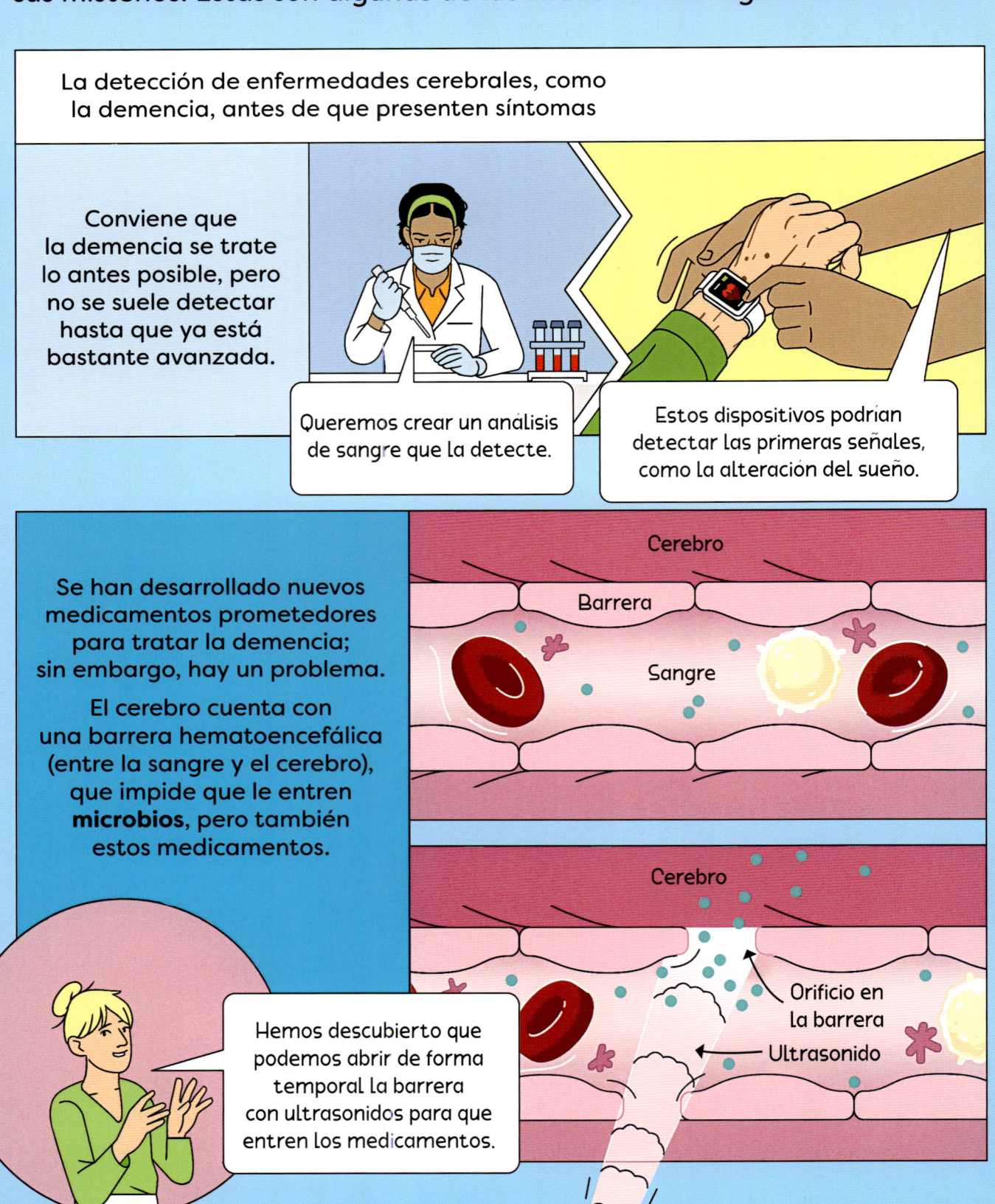

La detección de enfermedades cerebrales, como la demencia, antes de que presenten síntomas

Conviene que la demencia se trate lo antes posible, pero no se suele detectar hasta que ya está bastante avanzada.

Queremos crear un análisis de sangre que la detecte.

Estos dispositivos podrían detectar las primeras señales, como la alteración del sueño.

Se han desarrollado nuevos medicamentos prometedores para tratar la demencia; sin embargo, hay un problema.

El cerebro cuenta con una barrera hematoencefálica (entre la sangre y el cerebro), que impide que le entren **microbios**, pero también estos medicamentos.

Hemos descubierto que podemos abrir de forma temporal la barrera con ultrasonidos para que entren los medicamentos.

Cerebro

Barrera

Sangre

Cerebro

Orificio en la barrera

Ultrasonido

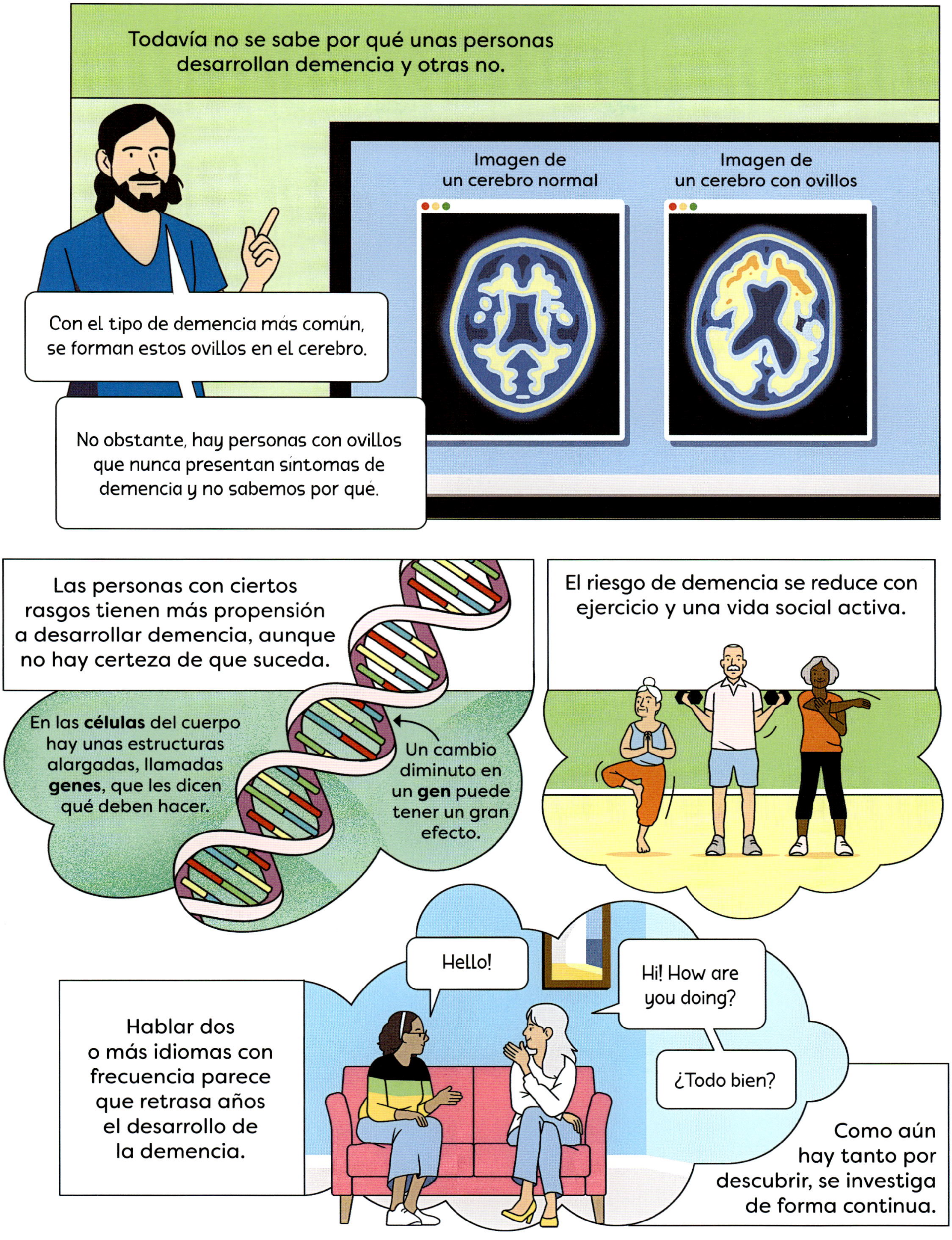

Todavía no se sabe por qué unas personas desarrollan demencia y otras no.

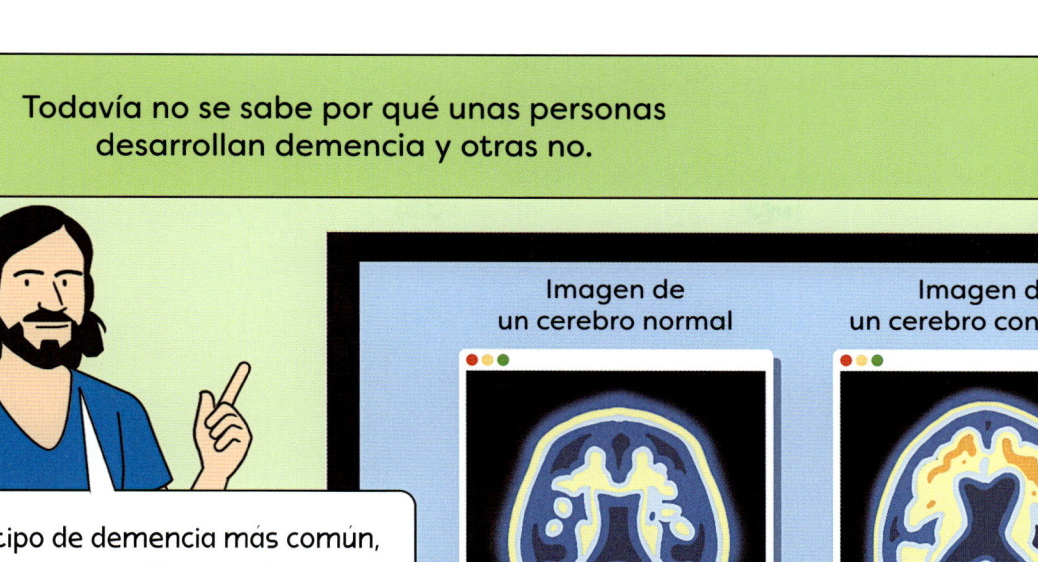

Imagen de
un cerebro normal

Imagen de
un cerebro con ovillos

Con el tipo de demencia más común, se forman estos ovillos en el cerebro.

No obstante, hay personas con ovillos que nunca presentan síntomas de demencia y no sabemos por qué.

Las personas con ciertos rasgos tienen más propensión a desarrollar demencia, aunque no hay certeza de que suceda.

En las **células** del cuerpo hay unas estructuras alargadas, llamadas **genes**, que les dicen qué deben hacer.

Un cambio diminuto en un **gen** puede tener un gran efecto.

El riesgo de demencia se reduce con ejercicio y una vida social activa.

Hablar dos o más idiomas con frecuencia parece que retrasa años el desarrollo de la demencia.

Hello!

Hi! How are you doing?

¿Todo bien?

Como aún hay tanto por descubrir, se investiga de forma continua.

El cuidado de la salud mental

La mente puede enfermar lo mismo que el resto del cuerpo, y cuando eso sucede, estos médicos y médicas se encargan de buscar soluciones. Saber escuchar es fundamental en el campo de la salud mental.

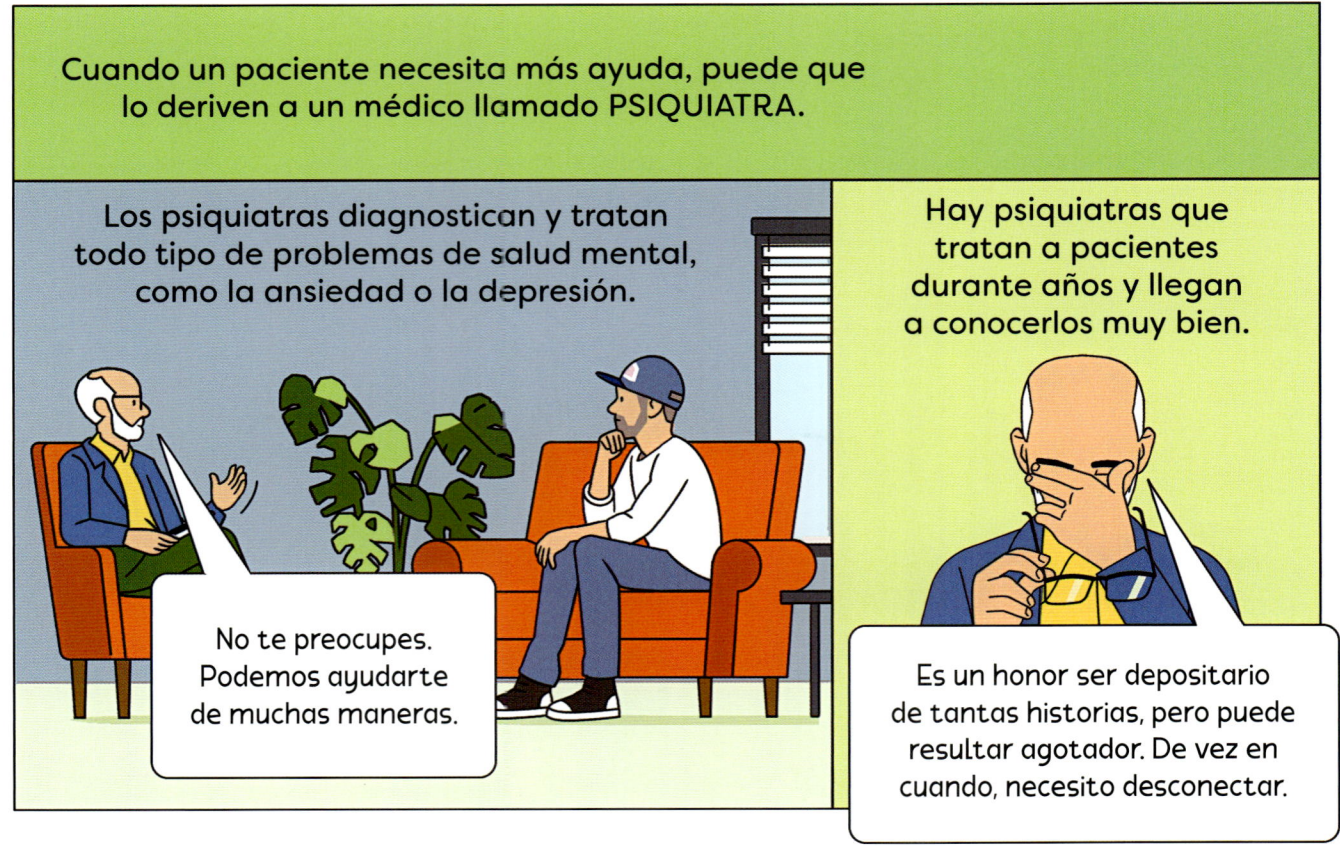

Los psiquiatras tratan a sus pacientes con medicamentos o psicoterapia (mediante la palabra). Los médicos y médicas de familia pueden recetarles medicamentos, sugerir actividades que podrían ayudarles o derivarlos a otros profesionales.

TERAPIA MUSICAL

La música puede ayudar a la gente a expresar sus sentimientos.

PSICOTERAPIA CON PSICÓLOGAS O PSICÓLOGOS SANITARIOS

Estoy aquí para escucharte y ayudarte a explorar tus emociones y pensamientos.

PSICOTERAPIA INFANTIL

Ayudamos a niñas y niños a reconocer y expresar sus emociones por medio de juegos.

Me siento mejor cuando comparto mis experiencias.

GRUPOS DE APOYO

TERAPIA DE DUELO

Ayudo a las personas que han perdido a un ser querido. Hablamos de su dolor y de cómo lo llevan.

ACTIVIDADES LÚDICAS

Pintar me levanta mucho el ánimo.

El futuro de la medicina

La medicina evoluciona constantemente. Los nuevos descubrimientos en estos campos de investigación podrían salvar muchas vidas.

ONCOLOGÍA - Los especialistas en **cáncer** suelen participar en investigaciones y ensayos clínicos de nuevos tratamientos.

GENÉTICA CLÍNICA - Quienes se dedican a este campo son expertos en los **genes** (donde están las instrucciones que controlan las **células** del cuerpo) y los problemas que pueden provocar sus alteraciones.

RADIOLOGÍA - Los radiólogos interpretan las imágenes para averiguar si algo no funciona bien.

CIRUGÍA PEDIÁTRICA - Las personas que ejercen esta especialidad operan a niñas y niños.

La lucha contra el cáncer

El tratamiento del **cáncer** es una de las áreas de la medicina en la que se producen más avances. Muchos médicos y científicos de todo el mundo se dedican al desarrollo de nuevas terapias para combatirlo.

La **quimioterapia** consiste en la destrucción de **células** cancerígenas con productos químicos. Al principio era un tratamiento experimental empleado como último recurso, pero en la década de 1950, la ONCÓLOGA Jane C. Wright logró importantes avances.

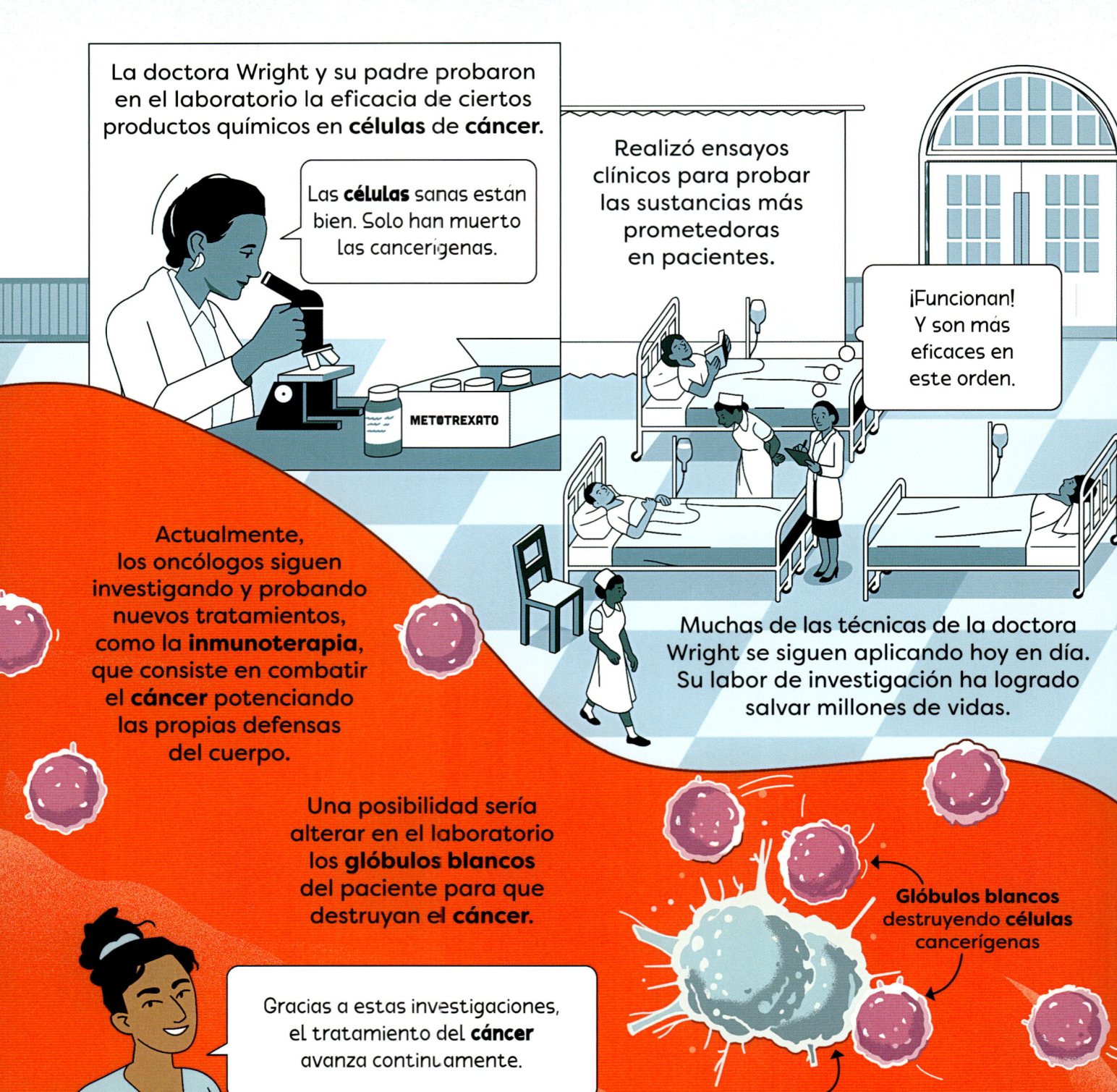

La doctora Wright y su padre probaron en el laboratorio la eficacia de ciertos productos químicos en **células** de **cáncer**.

Las **células** sanas están bien. Solo han muerto las cancerígenas.

METOTREXATO

Realizó ensayos clínicos para probar las sustancias más prometedoras en pacientes.

¡Funcionan! Y son más eficaces en este orden.

Actualmente, los oncólogos siguen investigando y probando nuevos tratamientos, como la **inmunoterapia**, que consiste en combatir el **cáncer** potenciando las propias defensas del cuerpo.

Muchas de las técnicas de la doctora Wright se siguen aplicando hoy en día. Su labor de investigación ha logrado salvar millones de vidas.

Una posibilidad sería alterar en el laboratorio los **glóbulos blancos** del paciente para que destruyan el **cáncer**.

Glóbulos blancos destruyendo **células** cancerígenas

Gracias a estas investigaciones, el tratamiento del **cáncer** avanza continuamente.

Células cancerígenas

Nuevos roles

La tecnología ha transformado muchas áreas de la medicina, como la genética.

Equipo de secuenciación genética masiva

La detección y el tratamiento de los problemas genéticos requiere el análisis de los propios genes. Como son tan pequeños y complejos, esta tarea resultaba sumamente complicada.

Antes de que se inventaran estas máquinas, el **diagnóstico** era muy lento y complicado.

GENETISTA CLÍNICO

Ahora analizamos muchísimos **genes** a la vez para localizar el problema.

La inteligencia artificial es una nueva tecnología informática que ayuda a los RADIÓLOGOS a interpretar **radiografías** y otras imágenes.

La cirugía robótica es cada vez más frecuente (ver página 40) y puede que estos robots lleguen a alcanzar un tamaño aún más diminuto.

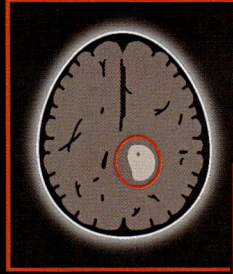

La inteligencia artificial analiza las imágenes y es capaz de señalar problemas en segundos.

Los médicos y los científicos trabajan en el desarrollo de nano-robots capaces de operar que tengan un tamaño inferior a la punta de una aguja.

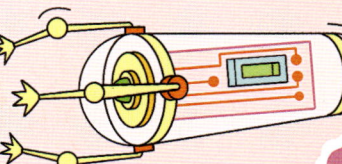

Los cirujanos podrían inyectarlos en un paciente y guiarlos hasta el lugar que hay que operar, sin necesidad de hacer ningún corte.

La formación continuada y la difusión del conocimiento

Por muchos estudios y títulos que tengan las médicas y los médicos, es necesario que sigan actualizando sus conocimientos y mejorando sus técnicas constantemente, lo cual implica...

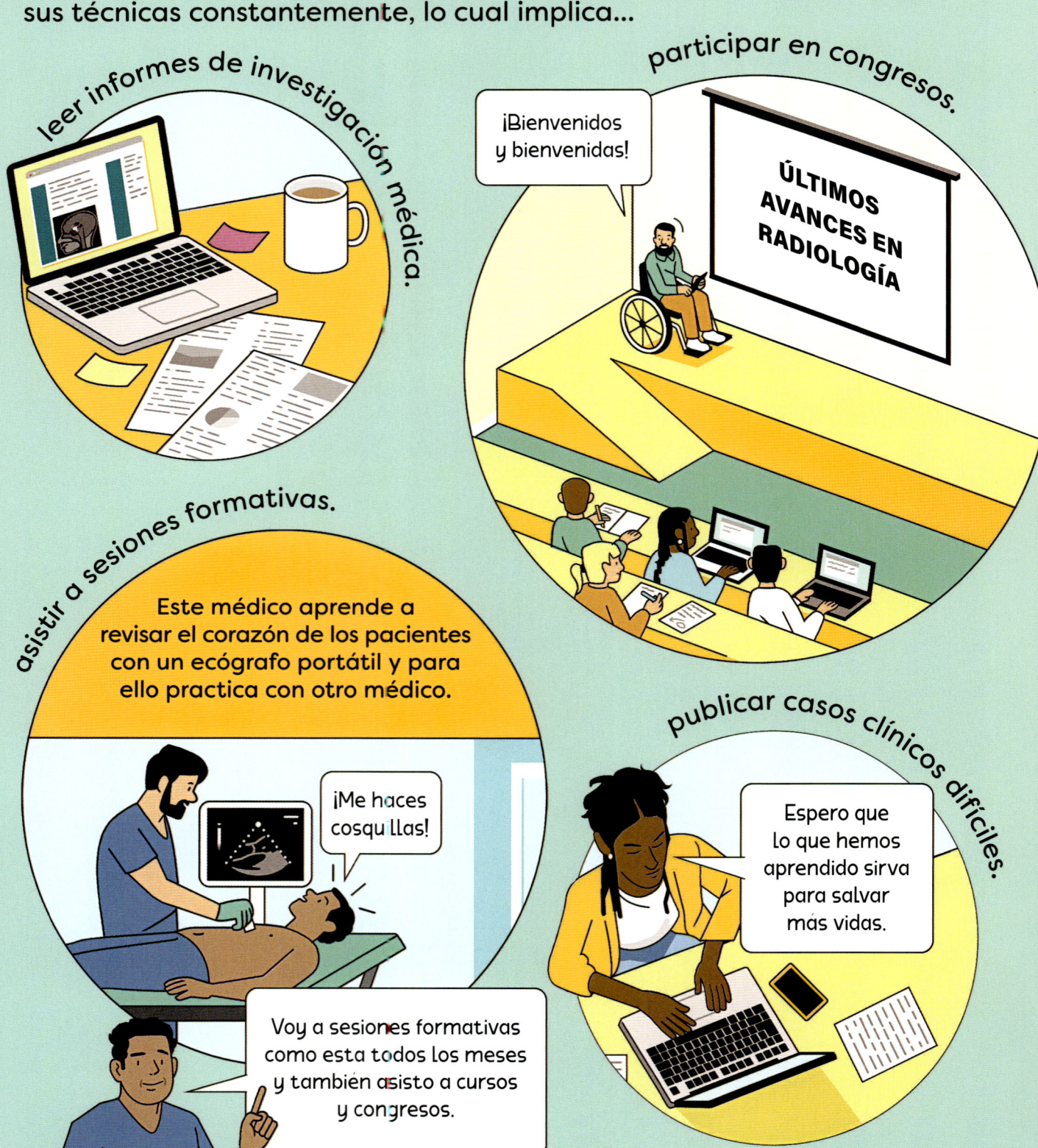

Técnicas novedosas

A veces, las médicas y los médicos viajan a otros países para aprender o enseñar técnicas y terapias nuevas.

En 2018, un equipo de CIRUGÍA PEDIÁTRICA del Reino Unido aprendió una técnica pionera para el tratamiento de una malformación llamada **espina bífida** de la mano de especialistas belgas y estadounidenses.

La **espina bífida** es una malformación de la espina dorsal del bebé que le puede causar daños en el cerebro y en la médula e impedir que llegue a caminar al hacerse mayor.

La **espina bífida** se detecta por **ecografía** antes de que nazca el bebé.

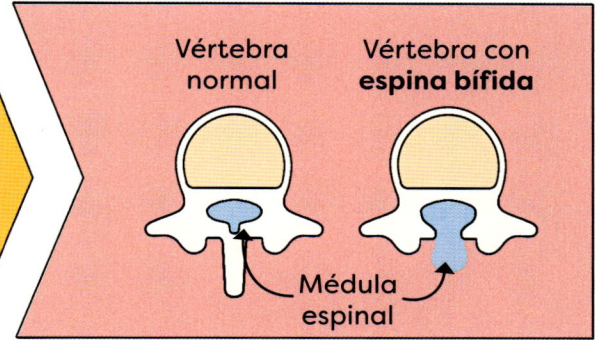

Vértebra normal

Vértebra con **espina bífida**

Médula espinal

Los cirujanos suelen esperar a que el bebé nazca para reparar la **espina bífida** y prevenir otras lesiones, pero hay una operación nueva que se puede llevar a cabo antes de que nazca.

Primero hacen un corte para acceder al útero, donde crece el bebé.

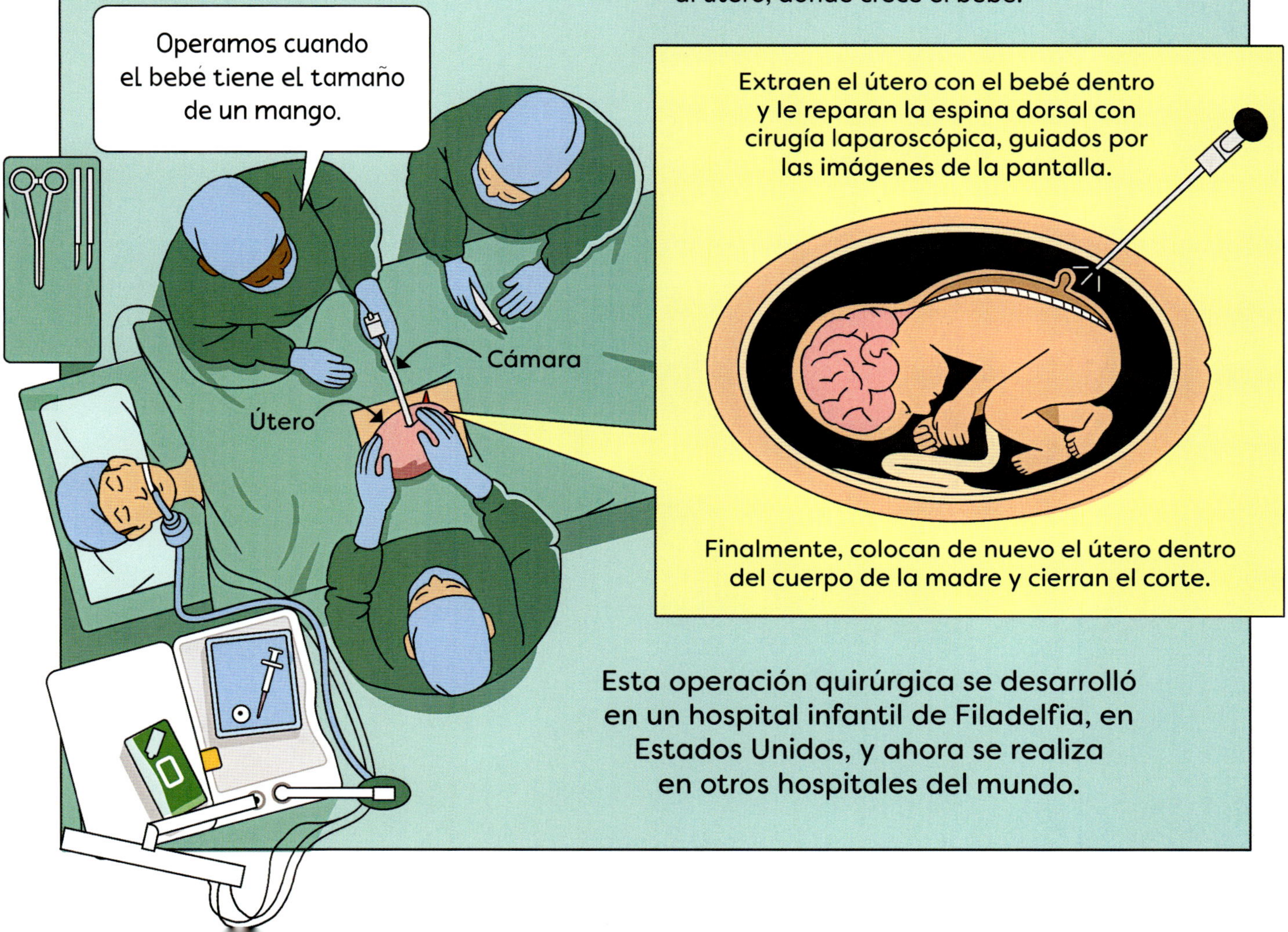

Operamos cuando el bebé tiene el tamaño de un mango.

Cámara

Útero

Extraen el útero con el bebé dentro y le reparan la espina dorsal con cirugía laparoscópica, guiados por las imágenes de la pantalla.

Finalmente, colocan de nuevo el útero dentro del cuerpo de la madre y cierran el corte.

Esta operación quirúrgica se desarrolló en un hospital infantil de Filadelfia, en Estados Unidos, y ahora se realiza en otros hospitales del mundo.

¿Qué estudio?

Normalmente, la formación para ser médica o médico dura un mínimo de diez años, pero ¿por dónde empezar?

Aprende todo lo que puedas sobre el cuerpo humano y la medicina.

Lee libros, visita museos de ciencias o ve vídeos y programas sobre esos temas.

Tendrás que elegir ciencias en el instituto para luego estudiar en la **facultad de medicina**, donde después de seis años obtendrás el grado.

Posteriormente, tendrás que trabajar cuatro o cinco años de residente para especializarte.

La práctica de deportes viene bien para ser más consciente de tu cuerpo y evitar lesionarte. Además, los deportes de equipo son una buena manera de aprender a comunicarte y trabajar con otras personas, puesto que todo ello es necesario para llegar a ser un buen médico.

La labor principal de la medicina es ayudar a los demás.

Participar en programas de voluntariado puede ser un buen modo de iniciarse en ser de utilidad a los demás.

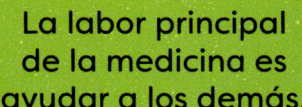

¿Quieres saber más cosas sobre cómo funciona el cuerpo humano o cuáles son las cualidades que debe tener una persona que se dedique a la medicina? Busca más información, vídeos y juegos en internet.

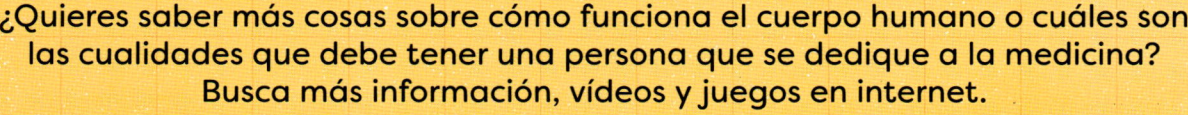

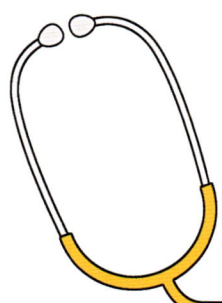

¿Qué voy a aprender en la facultad de medicina?

Las alumnas y los alumnos de medicina estudian el funcionamiento del cuerpo humano, pero no solo en los libros...

Vamos a diseccionar un cadáver para que veáis un cuerpo de verdad por dentro.

También aprenden a distinguir las distintas enfermedades que existen.

Hay alumnos que sufren el síndrome del estudiante de medicina, al creer que padecen todos los males que estudian.

¿Me está dando un **infarto**?

¿Será gangrena ese cosquilleo del pie?

Hacen prácticas en hospitales para aprender de otros médicos.

¿Quién quiere hacerle la **historia** a la paciente? Acaba de ingresar.

¡Yo la hago!

Empiezan a participar en el cuidado de pacientes...,

siempre bajo la supervisión del personal médico.

Le pongo la vía...

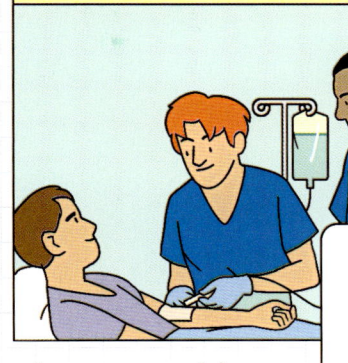

Esto se aprende con la práctica... ¡Estupendo!

Hay muchas otras profesiones sanitarias que podrían interesarte si no te convence del todo la médica:

ENFERMERA

El personal de enfermería presta cuidados a los pacientes en una gran variedad de especialidades.

PARAMÉDICA

Los paramédicos prestan cuidados de emergencia antes de que el paciente llegue al hospital. Suelen trabajar en la ambulancia.

MATRONA

La matrona es una enfermera que está especializada en el embarazo y la asistencia al parto.

FARMACÉUTICA

Los farmacéuticos y farmacéuticas son especialistas en la preparación y dispensación de medicamentos.

FISIOTERAPEUTA

Estos especialistas tratan las lesiones en músculos y huesos mediante masajes, ejercicios y otras técnicas.

La anatomía humana

Los futuros médicos tienen que conocer el cuerpo humano a la perfección. La anatomía humana es la ciencia que estudia la estructura y forma del ser humano y las relaciones entre sus partes.

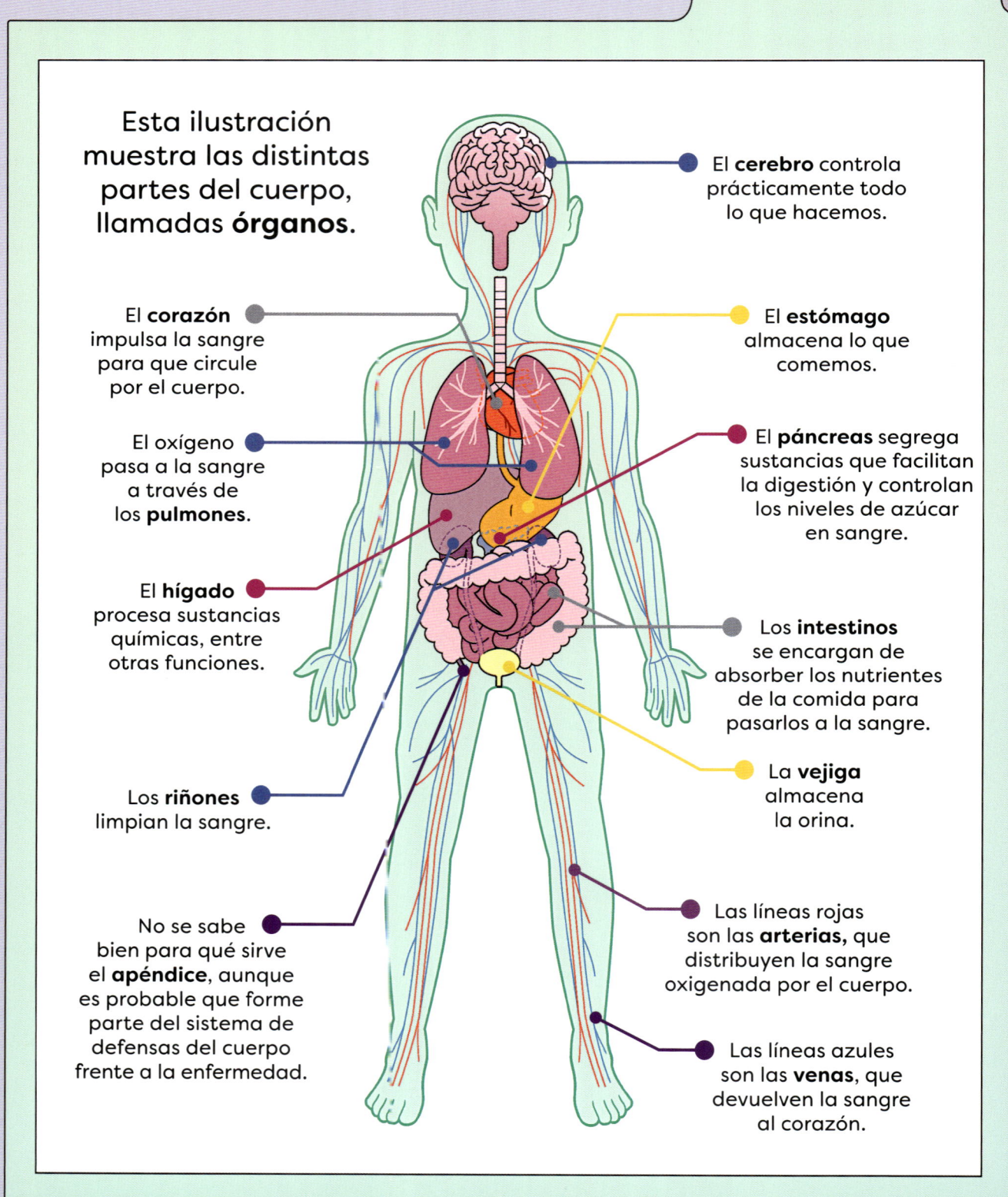

Esta ilustración muestra las distintas partes del cuerpo, llamadas **órganos**.

El **cerebro** controla prácticamente todo lo que hacemos.

El **corazón** impulsa la sangre para que circule por el cuerpo.

El **estómago** almacena lo que comemos.

El oxígeno pasa a la sangre a través de los **pulmones**.

El **páncreas** segrega sustancias que facilitan la digestión y controlan los niveles de azúcar en sangre.

El **hígado** procesa sustancias químicas, entre otras funciones.

Los **intestinos** se encargan de absorber los nutrientes de la comida para pasarlos a la sangre.

La **vejiga** almacena la orina.

Los **riñones** limpian la sangre.

No se sabe bien para qué sirve el **apéndice**, aunque es probable que forme parte del sistema de defensas del cuerpo frente a la enfermedad.

Las líneas rojas son las **arterias,** que distribuyen la sangre oxigenada por el cuerpo.

Las líneas azules son las **venas**, que devuelven la sangre al corazón.

El cuerpo humano se compone de más de doscientos huesos, cada uno con su nombre, que todo estudiante debe memorizar.

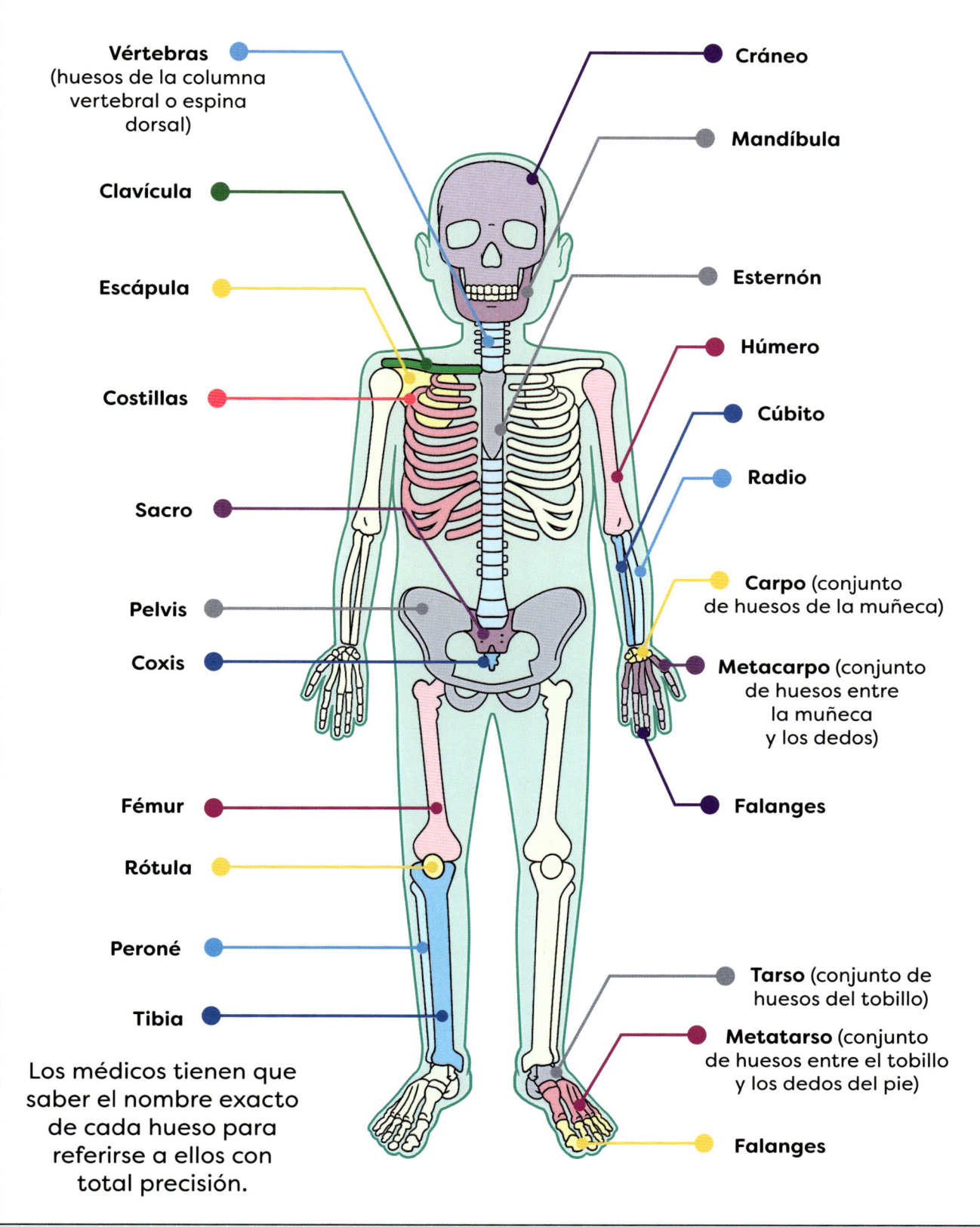

Vértebras (huesos de la columna vertebral o espina dorsal)

Clavícula

Escápula

Costillas

Sacro

Pelvis

Coxis

Fémur

Rótula

Peroné

Tibia

Cráneo

Mandíbula

Esternón

Húmero

Cúbito

Radio

Carpo (conjunto de huesos de la muñeca)

Metacarpo (conjunto de huesos entre la muñeca y los dedos)

Falanges

Tarso (conjunto de huesos del tobillo)

Metatarso (conjunto de huesos entre el tobillo y los dedos del pie)

Falanges

Los médicos tienen que saber el nombre exacto de cada hueso para referirse a ellos con total precisión.

¿Qué especialidad elijo?

Si crees que quieres dedicarte a la profesión médica, responde a estas preguntas para ver qué especialidad podría gustarte más.

¿Qué descripción te define mejor?

No eres nada aprensivo y tienes habilidad con las manos.

Te apasionan la investigación y los avances en tratamientos y técnicas.

Te interesan la salud y el bienestar de la gente en general.

Te gustan las situaciones de alta tensión y los ritmos trepidantes.

¿Qué te gustaría más?

Atender a los pacientes más graves.

Trabajar en emergencias graves.

Asistir partos y atender a recién nacidos.

Podrías trabajar en una **UCI**.

Podrías ser médico o médica de **urgencias**, **helicóptero** o **misiones humanitarias**.

Podrías ser **obstetra** o especialista en **neonatología**.

¿Qué te gustaría más?

Realizar operaciones muy delicadas.

Podrías dedicarte a la **cirugía plástica** u **otorrinolaringológica** (oído, nariz y garganta).

Realizar operaciones a vida o muerte en emergencias.

Podrías trabajar en **cirugía torácica** y **cardiovascular**.

Operar con la asistencia de tecnología.

Podrías especializarte en cirugía robótica. Muchos cirujanos usan estas técnicas, como los **cirujanos generales**.

¿Qué te gustaría más?

Usar nuevas tecnologías y aparatos.

Desarrollar y usar nuevas terapias contra el **cáncer**.

Podrías ser **oncóloga** u **oncólogo**.

¿Qué te gustaría más?

Descifrar los misterios del cerebro.

Podrías dedicarte a la **neurología**.

Planificar ensayos clínicos de nuevos medicamentos y a quién vacunar.

Escuchar a los pacientes para ayudarlos con toda clase de problemas médicos.

Podrías ser un gran **médico** o **médica de salud pública**.

Se te podrían dar bien las especialidades de **medicina de familia** y **psiquiatría**.

Glosario médico

A continuación se definen los términos médicos
que aparecen a lo largo del libro en **negrita**.

apendicitis: inflamación de un **órgano**,
el apéndice, que suele causar dolor en
el lado inferior derecho del vientre.

bacteria: organismo vivo diminuto; algunas
bacterias producen enfermedades.

cáncer: enfermedad en la que las **células**
de una parte del cuerpo crecen de manera
incontrolada. Existen muchos tipos.

célula: unidad fundamental de la que
están formadas todas las partes del cuerpo;
hay muchos tipos, como los **glóbulos rojos**
o **blancos**, que son **células** de la sangre.

constantes vitales: conjunto de medidas
básicas para valorar el estado de salud
de una persona.

consulta: atención de médico a paciente
en un tiempo determinado.

COVID-19: enfermedad infecciosa causada
por un virus que apareció a finales de 2019
y provocó una **pandemia**.

demencia: deterioro de las facultades mentales
que causa trastornos de comportamiento.

diagnóstico: determinación de la naturaleza
que tiene una enfermedad por medio de
la observación de sus síntomas.

ecografía: técnica que permite la exploración
interna del cuerpo utilizando ultrasonidos
(sonidos de frecuencia tan sumamente alta
que son inaudibles para el oído humano).

enfermedad de Parkinson: enfermedad
progresiva del cerebro que causa temblor
y otros problemas con el movimiento.

enfermedad infecciosa: enfermedad causada
por un **microbio**, que se contagia rápidamente
entre las personas.

epilepsia: enfermedad que puede causar
convulsiones y pérdida de la conciencia.

espina bífida: malformación que impide
el correcto desarrollo de la espina dorsal
del bebé y puede llegar a provocarle daños
en el cerebro y la espina dorsal.

estimulación cerebral profunda: técnica
de estimulación eléctrica del cerebro que
puede aliviar rigideces o temblores extremos
como los provocados por la **enfermedad
de Parkinson**.

facultad de medicina: centro universitario
donde se estudia la carrera de medicina,
necesaria para ejercer de médico o médica.

gen: instrucciones para el funcionamiento
de la **célula** que se encuentran en su interior;
los daños en los genes pueden ser los causantes
de enfermedades como el **cáncer**.

glóbulo blanco: **célula** globosa e incolora
de la sangre que forma parte del sistema de
defensa del cuerpo frente a las enfermedades.

glóbulo rojo: **célula** roja de la sangre con forma
de disco que transporta el oxígeno.

herpes: enfermedad causada por el mismo
virus responsable de la varicela.

historia clínica: conjunto de los datos médicos,
enfermedades y tratamientos del paciente.

ictus: enfermedad cerebral por obstrucción
del flujo sanguíneo al cerebro que puede
provocar dificultad en el habla, confusión
o debilidad física.

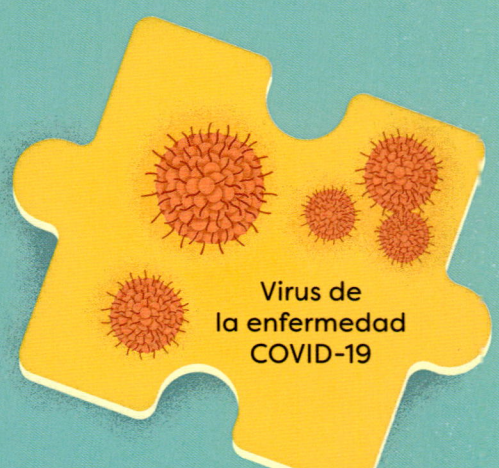

Virus de
la enfermedad
COVID-19

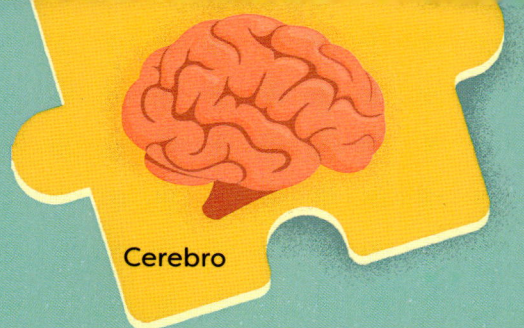

Cerebro

imagen clínica: imagen interna del cuerpo que se obtiene por diferentes técnicas, como el **TAC**, la **resonancia**, la **ecografía** o la **radiografía**.

incubadora: cuna con temperatura controlada para bebés enfermos o prematuros.

infarto: problema grave por una obstrucción del flujo de sangre que va al corazón.

inmunoterapia: tratamiento que consiste en combatir el **cáncer** utilizando las propias defensas del cuerpo.

microbio: organismo diminuto, como un **virus** o una **bacteria**, que provoca enfermedades; se conocen unos 1.400 **microbios** que causan enfermedades en humanos.

muestra: pequeña cantidad de sustancias o tejidos que se toma del paciente (como sangre, orina o **células**) para analizarla.

nervio: conjunto de fibras muy finas que conducen mensajes entre el cerebro y el resto del cuerpo; gracias a los **nervios**, sabemos si algo está frío o caliente, por ejemplo.

norovirus: **virus** que provoca vómitos.

órgano: parte del cuerpo, como el corazón, el cerebro o los pulmones, que se encarga de ejercer una función principal.

pandemia: **enfermedad infecciosa** epidémica que se extiende a muchos países o individuos.

poliomielitis: grupo de enfermedades que provocan parálisis y que se pueden prevenir con **vacunas**.

quimioterapia: tratamiento que consiste en la destrucción de **células** cancerígenas con productos químicos.

radiografía: técnica para obtener imágenes internas del cuerpo por medio de rayos X (ondas de energía muy potentes e invisibles).

reconocimiento físico: examen del cuerpo del paciente por parte del médico o médica.

resonancia magnética: técnica que se usa para obtener imágenes internas del cuerpo mediante un escáner con imanes.

sistema nervioso: conjunto de **nervios** que conectan el cerebro con el resto del cuerpo.

TAC (tomografía axial computerizada): técnica radiográfica usada para obtener imágenes muy detalladas de un corte del cuerpo y que luego se componen por ordenador.

vacuna: medicamento que provoca en el cuerpo una respuesta de defensa ante determinados **microbios**.

virus: microorganismo de estructura muy sencilla que debe servirse de otras células para fabricar copias de sí mismo.

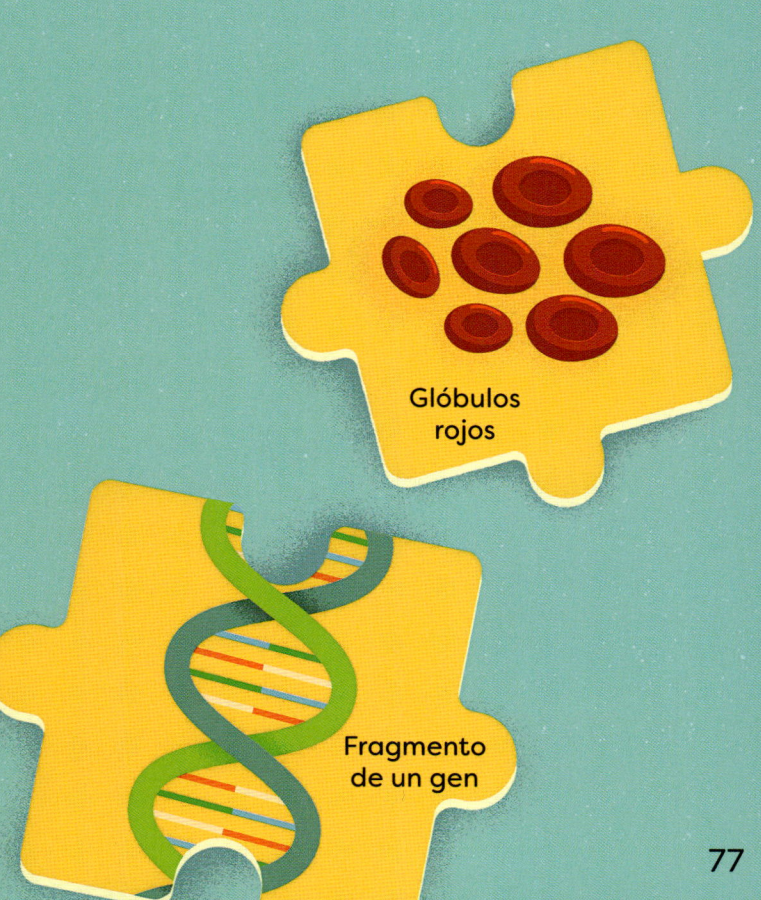

Glóbulos
rojos

Fragmento
de un gen

Especialidades médicas

En esta lista se describe lo que hacen las médicas y los médicos de las especialidades que aparecen en el libro, aunque hay muchas más. En el índice puedes consultar en qué paginas se menciona cada una.

ANESTESIOLOGÍA - Duermen a los pacientes antes de las operaciones para que no sientan dolor y vigilan su estado a lo largo de toda la intervención.

CIRUGÍA GENERAL - Realizan operaciones comunes, como la extirpación del apéndice o la reparación de una hernia.

CIRUGÍA ORL - Operan oído, nariz y garganta.

CIRUGÍA ORTOPÉDICA - Reparan articulaciones y huesos rotos. Como usan taladros y sierras, los apodan "carpinteros".

CIRUGÍA PEDIÁTRICA - Operan a niñas, niños y bebés, a menudo con técnicas complicadas.

CIRUGÍA PLÁSTICA - Restablece el aspecto original de partes del cuerpo afectadas por una lesión o enfermedad.

CIRUGÍA TORÁCICA Y CARDIOVASCULAR - Operan los pulmones y el corazón.

DERMATOLOGÍA - Diagnostican y tratan las enfermedades de la piel.

ENFERMEDADES INFECCIOSAS - Atienden a enfermos muy contagiosos.

GENÉTICA CLÍNICA - Diagnostican y tratan las enfermedades causadas por problemas en los genes (instrucciones que controlan las células del cuerpo).

GERIATRÍA - Tratan a personas ancianas.

HELICÓPTEROS SANITARIOS - Se encargan de atender a los pacientes en el lugar donde se produce la emergencia, al que acceden en helicóptero.

HEMATOLOGÍA - Diagnostican y tratan las enfermedades de la sangre.

MEDICINA DE EXPEDICIONES - Se ocupan de la salud de todos los integrantes del equipo en expediciones a lugares inhóspitos.

MEDICINA DE FAMILIA - Suelen ser los primeros en atender a los pacientes que tienen algún problema. Trabajan en los centros de salud, que cubren las necesidades de la población que vive en la zona circundante.

MEDICINA HUMANITARIA - Trabajan en zonas catastróficas de cualquier punto del mundo.

MEDICINA INTENSIVA - Se ocupan de los pacientes más enfermos del hospital.

MEDICINA PREVENTIVA Y SALUD PÚBLICA - Intentan mejorar la salud de la población en términos generales por medio de vacunas o el asesoramiento a administraciones.

NEONATOLOGÍA - Cuidan de los recién nacidos, y en especial de los enfermos y prematuros.

NEUROCIRUGÍA - Hacen operaciones en el cerebro y el sistema nervioso.

NEUROLOGÍA - Se ocupan de las dolencias del cerebro y el sistema nervioso.

OBSTETRICIA - Atienden el embarazo y el parto.

ONCOLOGÍA - Diagnostican y tratan el cáncer, a menudo con terapias muy avanzadas.

PATOLOGÍA - Examinan en el laboratorio muestras de orina y otras sustancias para detectar enfermedades.

PEDIATRÍA - Cuidan de las niñas y los niños que están enfermos.

PSIQUIATRÍA - Tratan a pacientes que sufren con sus pensamientos o estados emocionales.

RADIOLOGÍA - Interpretan radiografías y otras imágenes del interior del cuerpo para ver si algo va mal.

URGENCIAS - Tratan a pacientes con lesiones o enfermedades que necesitan una atención urgente a su llegada al hospital.

Índice

Diseño de la colección:
Zoe Wray

Colaboración en el diseño:
Jodie Smith

Redactora de la colección:
Rosie Dickins